荒れ地に咲く花

―生きること愛すること

村椿嘉信［著］

荒れ野よ、荒れ地よ、喜び躍れ。
砂漠よ、喜び、花を咲かせよ。
野ばらの花を一面に咲かせよ。
（イザヤ書三五章一節）

まえがき

この本の内容は、個人的なことになるが私が肝ガンの告知を受けてから、生きること、愛することについて考えたことである。その間に名古屋の堀川伝道所主催の伝道集会、静岡の富士地区の反ヤスクニ集会で、講演や説教を行ったものをここに収録した。名古屋では、堀川伝道所で説教と講演を行なった直後に、靖国・天皇制問題情報センターの全国活動者会が行われ、私は沖縄の現状や暴力の問題について講演したが、その一部を、名古屋堀川伝道所の講演録の中に付け加えた。さらに講演会という時間的制限の中で十分に述べることができなかったことを、新たに「序章」として付け加えた。

ここに収録した説教や講演録は、読みやすくするために大幅に手を加えた。それぞれの文書には、重複する部分もあるが、それぞれの状況の中で考えたことなのでそのままにした。もともとは独立した内容なので、どこからでも読めると思う。

講演の機会を与えてくださった主催者、関係者の皆さんに、ここでお一人おひとりのお名前はあげないが、心から感謝したい。またここに書かれている内容は、沖縄県宜野湾市にある「ぎのわん集会」

で語り合い、対話したことがもとになっている。さまざまな機会をとおして「ぎのわん集会」ならびに同じ場所で活動している「夢見る仲間たち」のメンバーから学び合えたことに感謝している。特に「夢見る仲間たち」は、ピアノやコーラスの音楽の力を通して、人間として生きることの意味や、私たちが追い求めるべきものを考えるきっかけを与えてくれた。

私の闘病生活が続く中で、名古屋や静岡に一人で行くことはできず同伴してもらったり、現地でもさまざまな人たちの助けを借りることになった。その皆さんに感謝したい。また医療の面でこの間、私を支えてくれたハートライフ病院の外科ならびに内科の主治医や医療スタッフの皆さん、身近にいて私を支え対話し続けてくれた家族に心から感謝したい。

二〇二一年一月　コロナ禍の新年を迎えて

荒れ地に咲く花　―生きることと愛すること

目次

まえがき　3
序　章　「生きること」と「愛すること」　7
第一章　愛という強制、愛というタテマエ　43
第二章　国家（＝天皇制）に従順にならないために　65
第三章　生きること、愛すること、希望を持つこと　115
あとがき　152
推薦図書　155

表紙装丁：新垣幹夫

序章　「生きること」と「愛すること」

「いのち」は与えられたもの

「いのち」は神から与えられたもの

「いのち」は神から与えられたものであると聖書は語っている。したがって私たち人間は、「いのち」を創り出すことはできないし、自分の意志で自由に扱うことはできない。私たちにできるのは、神から与えられた「いのち」を人間の手で失ったり短かくしたりしないように、大切に守ることだけである。

したがって人間には「いのち」に始まりと終わりがあること、つまりすべての人間がやがて寿命を迎えることを変えることはできない。

旧約聖書の創世記第二―三章には、神話的表現をとりつつも、現代に生きる私たちが「いのち」を考える上で重要なことが描かれている。人類が地上に登場したばかりのころ、エデンの園には、「生命の木」と「知恵の木」があった。人類はさまざまな経緯から（おそらく自己防衛本能から）、神から食べることを禁止されていた「知恵の木の果実」をみずからの手で食べ、善悪を知る者となった。それ以後、人類は自分の意志によって、自分に都合よく善悪の判断をくだすようになり、時と場合によってはみずからの判断を絶対視し、神のようにふるまうようになった。

しかし人類は「生命の木の果実」を、食べることはできなかった。神が「生命の木」を守るために、人類をエデンの園から追放し、しかも「エデンの園の東にケルビムと、きらめく剣の炎を置いた」（三章二四節）からである。それゆえ人類は、「生命の木の果実」を食べることは永遠にできなくなり、「知恵」によって「いのち」をある程度は解明できても、決して思いのままに操作することはできなくなった。

「いのち」は、人間が創り出したものではない。だからこそ私たちは、自分の「いのち」は自分ひとりの所有物と考えるのではなく、私たち一人ひとりに「与えられたもの」、あるいは「預けられたもの」として大切にしなければならない。私たち人間が、日々、神によって生かされていることこそが神の恵みであり、一人ひとりが、今、ここで、生きているということが奇跡なのである。

したがって人間は、神から与えられた「いのち」を選別したり、「いのち」と「いのち」を比較して、優劣をつけたりすることはできない。「いのち」こそ、個々の人間に平等に与えられているものなのである。それゆえ私たちはそのことを自覚し、「いのち」に対して謙虚でなければならない。

死刑制度の問題

このことから私たちは、死刑制度の問題や、安楽死の問題を考えてみることができる。「いのち」はすべての人間に平等に与えられているものなので、たとえある人が極悪人だったとしても、その人から「いのち」を奪ってはならない。生まれながらにして「極悪人」と言われる人が存在するのではない。私たちはそれぞれの人間の「存在」と「行為」は切り離して考えなければならないのである。たとえある人の「行為」が「罪」と見なされようとも、その人の「存在」が「罪」なのではない。自分自身の行動を深く反省して、「私は罪人です」と告白する人に対して、私たちは「あなたは社会のルールに違反しましたね」とか、「人を傷つけ、多くの人を悲しませましたね」とか、「あなたは人間として間違ったことをしたと思います」……と語ることはできるかもしれない。だがそれ以上のことを相手に語る前に、どうして罪を犯したのかを相手といっしょに考えることが大切である。

　犯罪者を一般社会から隔離しなければならない場合があるとしても、それは死刑制度を肯定する根拠とはならない。さまざまな刑罰と死刑との間には、無限の差があることを考えるべきである。

　また被害者本人やその家族らが、加害者を憎むことがあるとしても、そのことと加害者を死刑にすることとは、まったく別次元の問題である。加害者を憎む感情はむしろ、その加害者が犯罪に至った経緯を理解し、またその犯罪が生み出されてきたさまざまな問題を理解し、被害者が二度と生み出されない社会を実現する方向へと向けられるべきである。加害者に対して憎しみが起こるのは当然だと思うが、報復によっては何も善いものは生み出されず、新たな加害者を生み出すきっかけを与えるだけだろう。

それでは、「暴力を行使する指導者」、あるいは「人のいのちを奪う独裁者」に対して、死を宣告することは許されるのだろうか。あるいは、「正当防衛」として、つまり自分やさまざまな人たちの「いのち」を守るための「最後の手段」として、相手の行動を暴力で阻止すること、場合によっては相手を殺害することは許されるのだろうか。そのような場合においても、私たちは、「自分のいのち」も「相手のいのち」も神から与えられたものだというところから考えなければならない。そして「どうしてそのような状況が生じるのか」を考えなければならない。なぜなら「独裁者」の周辺には、その「独裁者」の出現を許し、容認しようとする「一般市民」がいるからである。その点を押さえておかないと、「独裁者」を倒しても、また新たな「独裁者」が登場するだけだからである。奴隷が主人になっても、社会の構造が変わらず人間の生き方も変わらないなら、主人になった奴隷が、新たな奴隷を支配するだけで、奴隷制度そのものは形を変えて生き伸びてしまう。そのために、私たちは死刑制度を廃止するための議論をする際に、独裁者を出さない社会や、暴力とは無縁の社会のあり方についての幅広い議論を起こすことが必要になる。

医療をめぐる延命行為の問題

次に、「安楽死」について考えてみたい。私たちに与えられている「いのち」をみずからの意志で放棄する安楽死は、私たち人間には許されていない。なぜなら人間の寿命は神が定めたものであって、私たち人間は、私たちの寿命をみずからの意志でコントロールすべきではないからである。したがって私たちにできることは、私たちの寿命を神から与えられたものとしてその意味を探りながら謙虚に受け入れ、与えられている「いのち」を生かすということである。私たちの人生に意味を与えるのは神であって、私たち人間が自分の人生に意味があるかどうかを判断することはできない。

いずれにせよ私たちは、神が生きるように定めている人生がどれほどの長さなのかを、明らかにすることはできない。しかし安楽死が許されないからといって、延命措置をとり続けることが神の意志かどうかは自明のことではない。これこそ神が定めた寿命なのだと判断するにしても、あるいはこれこそ本人にとってふさわしい「尊厳死」なのだと考えるにしても、それが自分にとって都合のよい判断にすぎないことがある。私たちがたとえば、「自分はもう十分に生きてきたので、これ以上、生きるつもりはない」と考えるにせよ、あるいは逆に「自分は十分に生きてきたが、さらにありとあらゆる手段を用いて生き続けたい」と考えるにせよ、どちらも自分に都合のよい判断でしかない場合がある。特に医学が進歩し続けている現代においては、「死」をどのように定義するかは大きな問題である。基本的に大切なことは、①神の意志を問いつつ判断すること、②自分なりに主体的に判断すること、しかしその判断を導き出す過程で、③さまざまな人たちと対話を続けること、しかも④親しい人たちの理解を得ることである。

聖書が求めていることは、人間である私たちが思考を停止して「神がかり」的になり、ただ「奇跡」

が起こるのを待つということではない。私たちは、「今、ここで」生きている限りにおいて現実を直視すべきであり、いわば時空を超えた世界に逃げ込んではならない。

このような理解に基づいて「安楽死」について考えるとき、二つの問いの前に立たせられる。

まず第一に、「私たちの社会が安楽死を期待するように人を追い込んでいるのではないか」という問いである。身体的ないし精神的に苦しみを抱える人たちが、社会から適切なサポートが与えられず、孤独な状態に置かれてしまうために、「死」を選択することがあるのではないか。

第二に、「医学が私たちに、自分に定められた死を考えることを難しくしているのではないか」という問いである。医学的に、「精神的な死（脳死）」を「死」とみなすのか、それとも「身体的な死」を「死」と定義づけるのかは、決着した問題ではない。医学が進歩していく中で、かつては確実に「死」に至ると言われていた病気がそうでなくなり、生き延びられることもある。また苦しむことなく、日常的な生活を続けながら病気の治療を受けることもある。

この二つの問いに納得のいく答えが得られないまま安楽死の問題が当事者の選択に委ねられてしまうなら、本末転倒ではないか。

今日、特に深刻な問題として私たちに突きつけられているのは、新型コロナウイルスの蔓延にともなう医療のあり方である。人工心肺やエクモ（人工心肺の一つ）の台数が限られている中で、その装置を用いた医療行為を誰に対して優先的に行うかで混乱が生じている。しかしながらこの問題は、本来は患者本人やその家族が判断すべき問題ではなく、世界中の誰もが平等に高度な医療にあずかることができる態勢が整っているかという問題である。いずれ再び、新しいウイルスが蔓延し、パンデミックを起こすかもしれない。そのときに備えて十分な医療態勢を整えるのは、まさに国家の責任と言えるだろう。それぞれの国家は、自国民のみの「いのち」を守るのではなく、すべての人間の「いのち」を守る課題に積極的に関わるべきであろう。

新型コロナウイルスの蔓延は、私たちに大きな課題を残した。ワクチンの開発によりウイルスの蔓延はひとまず収まるだろう。しかしこの次に同じような問題が起きたらどうするのかという課題である。全世界に蔓延が行き渡らないようにする対策をとらなければならない。ウイルスの蔓延がおさまったから、経済活動を再開するというのではなく、二度とこのようなことが起こらないように国内においても医療態勢の充実に取り組まなければならないし、国際間においても感染が広がらないように協力関係を築いていかなければならない。「いのち」を守る国際的な協同作業がこれからますます求められるようになるだろう。

神の領域

ところで聖書は、人間の力では踏み込めない「生命の領域」があり、それは「神の領域」であると語っている。それゆえ「生命」に関することについて議論したり、「生命」の問題に何らかのかたちで関わろうとする者は、繰り返しになるが、謙虚でなければならない。私たち人間には、「いのち」についてまだ分からないことがたくさんあり、特に「いのち」を与えてくれた神の意志や行為に関しては、決してそのすべてを知ることはできない。私たち人間は、「分かることは分かるが、分からないことは分からない」、「分かることは、本当にわずかなことでしかない」という意識を持つべきである。私たちがもし、自分には何もかも分かっているかのようにふるまうなら、すでに「神の領域」に踏み入ろうとしていることを自覚すべきである。

ここで、イエスが「いのち」の問題について何を語ったかを考えておきたい。イエスの活動や言葉を伝える『福音書』によると、イエスは次のように教えた。

あなたがたのうちだれが、思い悩んだからといって、
寿命をわずかでも延ばすことができようか。
(マタイ福音書六・二七、ルカ福音書一二・二五)

イエスは次のようにも語った。

あらゆる貪欲に注意を払いなさい。

ありあまるほど物を持っていても、
人のいのちは財産によってどうすることもできないからである。
（ルカ福音書一二・一五）

イエスはここで、「いのち」の問題は「神の領域」に属するのであって、私たち人間は「いのち」の問題に介入できない、したがって私たち人間は「いのち」に関することを謙虚に受け入れなければならないと語っている。イエスは私たち人間に、「いのち」が貧富の格差には関係なくすべての人間に「平等」に与えられていること、そしてどの人間にも神が定めた「寿命」があること、そして私たちの人生にはたとえ私たちに十分に理解されなくても意味があることに、私たちの目を向けさせようとしている。私たちにできること、私たちがしなければならないことは、与えられた「いのち」をこの地上で燃え尽きるまで、生かし続けることである。

「自然」もまた与えられたもの

「自然」もまた、神に創られたもの

さて「人類」と同様に「自然」も、神によって創られたものであり、また自然界に生存するあらゆる「生き物」も、神から「いのち」を与えられたものである。したがって、私たち人間が地上に存在するさまざまな「生き物」をコントロールすることはできないし、逆に自然が人間をコントロールすることもできない。

聖書には、「人類」も「自然」も、みずからの意志によって存在するようになったのではなく、神によって創られたと描かれている（創世記一、二章の創造物語）。それゆえ「自然」は「神」ではなく、決して「神」になったり、「神」にとって代わるものではない。ともに「神に創られたもの」、「神に生かされているもの」として「共生」し合うことができるだけであって、人類は自然を思いのままに利用することはできないし、また自然を「神」としてほめたたえたり、感謝したりすることもできない。

それゆえ聖書によれば、「自然」は決して私たち人間が感謝すべき対象ではない。日本には、たとえ

ば太陽や山岳を神と見なしたり樹木や水源や海などに神が宿っていると考え、自然を対象に拝んだり、感謝したり、願いごとをする風習があるが、聖書の信仰にはそのようなことはあり得ない。聖書によれば、私たちは自然を創った「神」を信仰すべきなのであって、決して「自然」そのものを信仰すべきではない。このことは単なる文化的価値観や自然観の相違という次元の問題ではなく、私たちの考え方や私たちの根本にかかわる問題である。

聖書をいくら読もうとも、キリスト教の神学をいくら学ぼうとも、私たち人間は「神」について知り尽くすことはできない。そもそも聖書は人間の言語を用いて書かれており、私たちはさまざまな言語に翻訳された「聖書」の一つを用いているにすぎない。一つの言語の「神」という言葉が、他の言語の「神」という言葉と同一の対象を指し示すのかは、決して自明のことではない。なぜなら私たち人間は「神」に創られた存在であって、「神」より優れたものではないので、「神」を超えたところから「神」を見ることはできないからである。

インド発祥の寓話に「群盲象《ぐんもうぞう》を評《ひょう》す」というものがある。複数の盲人が象を触って感想を語り合ったところ、足、耳、鼻、尾……などのそれぞれ異なる部分だけを触ったにすぎない人たちの間で、意見が衝突し、対立にまで至ったというものである。このようにそれぞれが自分の経験に固執し、自己の体験を絶対視したら、決して「象」そのものの姿をとらえることはできない。

私たち人間はしたがって、「人類」や「自然」を超えてあらゆるものを相対化する「超越的な存在」

を認めるか、それとも「自分自身の価値観」や「生態系を成り立たせている自然」を偶像化し、絶対化するかのどちらかでしかなくなる。

このことをキリスト教という特定の歴史的な宗教に当てはめるなら、「神」のみを絶対的なものと認めるか、それとも人間が歴史の中で作りあげてきた「キリスト教的な価値観」や「教会という制度」、あるいは「教理」や「信仰告白」を「絶対視」するのかが問われていることになる。もしキリスト者が、自分や自分の教会を絶対視するなら、教会はたちまち独善的で排他的な、砂上の楼閣（砂の上に建てられた立派な高層建築物）になってしまうだろう。

自然が人類にもたらす「災害」とは

ここで私たちは、「自然災害」について考えてみることができる。「自然」も「人類」も、神が創ったものである。どちらか一方が他方に対して優位性を持つのではない。しかし「自然」と「人類」には、決定的な違いがある。それは、最初に「自然」が創られ、「人類」は最後に創られたということである。つまり「自然」という容器の中に、人類はあとから組み込まれたのである。だからこそ「人類」は、「自然」の動きを解明し、その動きに自分自身を適合させないと生き延びることができない。ところが人類は、大きな誤解をしてしまった。自分自身が生き延びることができるように、「自然」をコントロールできると考えた。しかしそれは、自分に都合よく、自然を支配しようとする愚かで傲慢な行為でしかなかった。

私たちは自然というと、「恵みの雨」、「静かな海辺」、「そびえ立つ山々」、「人間が生きるにふさわしい気候」等を思い浮かべるかもしれないが、それらは「自然」の一面でしかない。雨は川の氾濫をもたらすし、海は津波をもたらす。私たちは「異常気象」という表現を使うが、気候の大きな変動は自然界ではあたりまえのことであって、それは異常なことではない。むしろ「異常」なのは、人類が「自然」を自分たちに都合よく利用して、自然破壊を加速させているという点である。それ故「自然」が災害をもたらすのではなく、むしろ「人類」が災害を生みだすことに留意すべきである。「天災」は避けられないが、「人災」は避けることができる。私たちは、「天災」という言葉が、「人災」を覆い隠すための方便として使われているのではないかと問わなければならない。

自然を創った神を讃美すべきである

聖書の詩編の中には、「自然」そのものをたたえるのではなく、「自然」を創った「神」を讃美する言葉が数多くある。そのうちのいくつかを紹介する。

大地を水の上に広げた方に感謝せよ。
慈《いっく》しみはとこしえに。
（詩編一三六・六）

あなたは地に臨んで水を与え
豊かさを加えられます。
神の水路は水をたたえ、
地は穀物を備えます。
あなたがそのように地を備え
畝《うね》を潤し、土をならし
豊かな雨を注いで柔らかにし
芽生えたものを祝福してくださるからです。
あなたは豊作の年を冠として地に授けられます。
あなたの過ぎ行かれる跡には油が滴《したた》っています。
荒れ野の原にも滴り
どの丘も喜びを帯とし
牧場は羊の群れに装われ
谷は麦に覆われています。
ものみな歌い、喜びの叫びをあげています。

（詩編六五・一〇―一四）

しかし「自然」は、時として私たちに「災い」をもたらす。詩編の次の箇所では「水」は私たち人間に「災い」をもたらすものととらえられている。

神よ、わたしを救ってください。
大水が喉元に達しました。
わたしは深い沼にはまり込み
足がかりもありません。
大水の深い底にまで沈み
奔流がわたしを押し流します。
叫び続けて疲れ、喉は涸れ
わたしの神を待ち望むあまり
目は衰えてしまいました。
（詩編六九・三―四）

神はわたしたちの避けどころ、
わたしたちの砦。

苦難のとき、必ずそこにいまして助けてくださる。
わたしたちは決して恐れない
地が姿を変え
山々が揺らいで海の中に移るとも
海の水が騒ぎ、沸き返り
その高ぶるさまに山々が震えるとも。
（詩編四六・二－四）

自然は、私たちを守ってくれるものではない。私たちは自然と共存するしかない。その自然と共存できなくなるときに、私たちは「災害」をみずからに招くことになる。聖書が私たち人間に伝えようとしていることは、「人災が起こる以前に、打つべき手があるのではないか」ということである。自然を崇拝したりなだめたり、あるいは支配して、人間の思いどおりにしようとするのではなく、共生できる道を真剣に探るべきである。

「知恵」とその限界

人類が手に入れた知恵とその限界

すでに確認したように、聖書の創世記によれば、すべての「生き物」に「いのち」を与えたのは「神」である。したがって地上に存在するすべての生き物は、神の「被造物《ひぞうぶつ》」である。

その際に神は、「光に生きるもの」と「闇に生きるもの」を創ったのではない。そもそも神が最初に創ったのは「光」だけであって、「闇」ではなかった。神は「光」を創ったが、「光」を創ったときに、いまだ「光の当たらない陰の部分」が出現することになった。したがって「闇」とは、「光」の欠如している状態にすぎず、「光」と「闇」とが対等に存在するのではない。「闇に生きるもの」とは、いまだ光に輝いていないが、いずれ光の中で輝くべきもののことである。

だが人類は、「自分にとって都合のよいもの」を「光」と見なし、「自分にとって都合が悪いもの」を「闇」と見なすようになった。そして自分を輝かせるために「光」を利用しようとし、自分にとって都合の悪い「闇に生きるもの」を葬り去ろうとした。

ところで「知恵」もまた、神によってすべての「生き物」に与えられたものである。地上に存在するすべての「被造物」は、神に与えられた「知恵」を持つ。みずからを環境に適合させるための知恵、自己保存のための知恵、迫りつつある危険を察知しそれに備える知恵、危機的な状況を仲間に伝え、ともに危機から回避する知恵、日常生活において共存を可能にする知恵……などである。それは人類が生きていくために必要な「知恵」だった。しかし人類はやがて、歴史的経緯の中で、それをはるかに凌ぐ「知恵」を手に入れるようになる。人類は「知恵」を働かせることによって、自分たちが生きていくために必要な「知恵」を超えて、自分が他の生き物を支配したり、自然を自分に都合よく利用したり、あらゆる利益を独り占めにしようとする「知恵」を獲得するまでになった。その結果、ある場合には、みずからの判断を絶対視し神のようにふるまい、ある場合には、目の前で起きている悲惨な出来事を自分には関係ないものと見なし、それに対して声をあげたり行動を起こすことを回避するために知恵を用いるようになった。

戦争

神から一人ひとりに与えられた「知恵」を用いて、私たち人間は平和を実現することができる。しかし私たち人間は「知恵」によって、戦争を仕掛けたり、エスカレートさせたりすることもできる。

人類は科学技術の成果を用いて、誰もが安心してともに生きることができる社会を築くことができるのに、そうしようとせず、一部の人たちは、自分たちだけに利益をもたらす軍事政策や経済政策を考案し、秘密裏に原子力兵器や化学兵器を開発し、さらには宇宙兵器、ハイテク兵器まで用いて、世界の支配者になろうとしている。今、日本においてもまさに、学問の成果を、戦争のために利用しようとしている。私たちは人々が平和で豊かな世界を作ることができるのに、そうしようとはせず、戦争を続け、また貧困の格差を広げるにまかせている。どうしたら私たちはこの状況から脱することができるのだろうか。

「愛」という可能性

イエスが明らかにした愛

「知恵」と「悪知恵《わるぢえ》」の差異は、紙一重である。したがって高度な「知恵」を手にすればするほど、「悪知恵」を働かせる危険性も高くなる。どうしたら「知恵」を、地上の生き物が共生するために、そして人と人とが理解し合い、支え合い、平和を作りだすために用いることができるのか。私たちは「知恵」をいくら働かせても、知恵によってその答えを見いだすことはできない。

福音書の伝えるイエスは、このことを問題にした。イエスが登場したとき、人類の歴史はすでに始まっており、さまざまな問題が露呈していた。その当時の人々は、どうしたら自分たちが危機的な状況を回避できるのかを考え、「知恵」の中に答えを見いだそうとした。しかしイエスが生涯をかけて示したことは、答えは「知恵」の中には見いだせないということだった。イエスは、私たちが「闇」の中から「光」を追い求めるためには、「愛すること」が必要だと教えようとした。つまり無秩序と混乱が支配する世界において、一人ひとりが自分に与えられた「いのち」を生かしともに歩むためには、「さまざまな人たちを愛すること」を最優先の課題として実践していくことである。そのことをイエスは無秩序と混乱が支配している時代のただ中で示そうとした。「愛すること」こそが、人類の未来に可能性を与えるのである。そして愛することの中で、「知恵」は知恵としての真価を発揮するのである。

イエスが教えた「愛すること」、イエスが実践した「愛すること」がどのようなものだったのかについて、ここでは五点に要約して述べる。

愛は人と人を結びつける力である

イエスが明らかにした「愛」は、第一に、「人と人を結びつける力」である。イエスのように「愛すること」によって、人間は「身体」と「精神」から成り立つ「人格」として、隣り合って存在するさまざまな人たちと出会い、相互的な関係を築き合って、ともに生きることができる。

福音書、特に「マルコ福音書」「マタイ福音書」「ルカ福音書」の共観福音書が生き生きと描いているのは、「愛の人」イエスである。イエスは新しい思想家ないしその啓蒙家ではない。イエスは政治的、経済的、宗教的な指導者でもない。イエスはこの世的な権力や権威の保持者でもなく、何らかの宗教団体の創始者でもない。イエスはこの地上で、みずから神の愛に生き、そうすることによって「愛すること」が人間にとって不可欠であることを教え、みずからさまざまな人たちを愛し、愛の種を蒔こうとした。イエスの宣べ伝えた「神の国」は、まさに「愛の国」にほかならず、イエスは、人々が愛し合うところで「神の国」が実現すると語ろうとした。

　イエスはどこかに拠点を据え、あるいは拠点となる場所を作って、そこに人を招こうとしたのではなかった。むしろ生まれ故郷のナザレを出てガリラヤ湖畔に行き、そこにあるカファルナウムという町を訪れ、そこからさらに近隣の町や村へ行き、ある時は国境を越えて「愛すること」を教え、病人を癒やし、「悪霊」を追い出し、貧しい人々にパンを与えたのである。イエスは旅を続けながら、多くの人たちに出会い、さまざまな人たちと共感し合い、ある時にはともに泣き、ある時にはともに笑いながら、ともに支え合って生きることの大切さを示そうとした。

　イエスが明らかにした「愛」は、決して特定の人たちどうし、つまり同じ国民、同じ民族どうし、同じ宗派の信仰者どうしを結びつけるものではない。あるいは親子とか、家族とか、友人とかを結びつけるだけの閉鎖的なものではなく、開かれた関係を創り出すものである。

　「愛」にはさまざまな形がある。ただしいずれの場合も、その根底にあるのは「人」と「人」の基本的な関係である。イエスは、人間が孤立することなく、また閉鎖的な集団の中に閉じこもることなく、さまざまな関係を築いて生きるべきだと教え、その場合に基本となる人と人との関わり方を明らかにしたのである。

　私たちは、「愛の人」であるイエスが神や人を愛したように、共感し合い、響命し合って（「いのち」を響かせ合うこと）、ともに行動することができる。私たちは、隣り合って存在するさまざまな人たちが苦しんでいるのに見ないふりをし、助けを求めて声をあげているのに耳を閉ざして生きるべきではなく、イエスのようにともに苦しみ、ともに悲しみ、ともに喜びながら、困難な課題にたち向かい、「愛の国」を目ざして前向きに歩むことができる。

神はすべての人を愛している

イエスは、第二に「神がすべての人を愛している」ことを明らかにした。イエスによれば、神は与えられた「いのち」を持って生きるすべての人に結びつくため、私たちに近づき、手を差し延べ、私たちの苦しみや悲しみを担い、私たちとともに存在することによって、私たちを闇の世界から救い出そうとした。

神が苦しみや悲しみを担う人たちとともにいて、私たち人間を救い出してくれる方であるということは、旧約聖書の時代から知られていた。あるとき「主なる神」は、「やがてエジプトで奴隷として虐げられていい、い、い、い、い、いる人たちの解放者」となるモーセに次のように語った。

主は言われた。
「わたしは、エジプトにいるわたしの民の苦しみをつぶさに見、
追い使う者のゆえに叫ぶ彼らの叫び声を聞き、

その痛みを知った。
それゆえ、わたしは降って行き、
エジプト人の手から彼らを救い出す……。
見よ、イスラエルの人々の叫び声が、
今、わたしのもとに届いた。
また、エジプト人が彼らを圧迫する有様を見た。
今、行きなさい。
わたしはあなたをファラオのもとに遣わす。
わが民イスラエルの人々をエジプトから連れ出すのだ」。
モーセは神に言った。
「わたしは何者でしょう。
どうして、ファラオのもとに行き、
しかもイスラエルの人々を
エジプトから導き出さねばならないのですか」。
神は言われた。
「わたしは必ずあなたとともにいる。

このことこそ、わたしがあなたを遣わすしるしである」。（出エジプト記三章七－一二節）

ここに描かれているのは、神が圧政者のエジプトの王ファラオのもとからイスラエルの人々、つまりユダヤ人を「救い出す」という「解放の神学」であり、神が解放者モーセに「私はあなたとともにいる」と宣告することによって成立する関係づけである。しかしイエスは、神がすべての人間を創り、「いのち」を与えた方という「創造物語」の原点にたち帰り、神がすべての人を愛する方であることを明確にした。それゆえイエスは、神が「ユダヤ人」のみの神ではなく、すべての民族、地上のあらゆる人たちの神であり、虐げられているすべての人を解放する神であることを明らかにした。また神が決して選ばれた指導者のみと「ともにいる」のではなく、個々の役割を担う一人ひとりの人間とともにいて、それぞれが対等に他者を愛することが可能であると教えた。

イエスの理解によれば、神が特定の人を選び権威づけ、選ばれなかった人を「支配」するということはあり得ない。なぜなら神はすべての人を選び、すべての人とともにいる方だからである。「人を愛する神」は、「支配する人」と「支配される人」の区別を生み出さない。神が人に求めていることは、人と人とがともに生かし合い、支え合うことであり、お互いに「奉仕」し合うことだからである。

イエスは、神の愛が決して限定的なものではなく、また閉鎖的なものではないことを明らかにするために次のように述べた。

あなたがたは、「隣人を愛し、敵を憎め」と命じられていると聞いている。しかし、わたしはあなたがたに言う。敵を愛し、自分を迫害する者のために祈りなさい。そうすれば、あなたがたは天の父（＝神）の子となるであろう。父は悪人にも善人にも太陽を昇らせ、正しい者にも正しくない者にも雨を降らせてくださるからである。自分を愛してくれる人を愛したところで、あなたがたは何を手に入れるのだろうか。不正な取税人も、同じことをしているではないか。あるいは自分の兄弟にだけ挨拶したところで、どんな優れたことをしたことになるのだろうか。異邦人でさえ、同じことをしているではないか。だから、あなたがたの天の父が完全であられるように、あなたがたも完全な者となりなさい。

（マタイ福音書五・四三―四八）

神は、神が「いのち」を与えたすべての人たちを愛している。神は、善人であれ悪人であれ、すべての人を愛している。私たちはこの神の前で、「神に愛されている者」として自分自身を見いだし、それぞれに与えられた「いのち」を大切にして、個々の人間として生きることが大切である。したがって私たち一人ひとりが追い求めるべきことは、他者よりも優れた者になることではなく、それぞれが完全な者になろうと力を尽くすことであって、そのためにこそ協力し合ってともに生きることが大切なのである。

人は愛することによって成長する

イエスは、第三に「人は愛することによって成長することができる」ことを明らかにした。神が私たちに近づき、私たちに救いの手を差し伸べてくれることを「大きな愛」と呼ぶなら、この大きな愛は、今、ここで、私たちのうちに「小さな愛」をもたらす。この「小さな愛」はいまだに完全なものではないが、「大きな愛」に触発されて、「大きな愛」へと成長し続けることができるのである。

聖書は、私たち一人ひとりが神に愛されているから、その愛を前提に、神と人を愛したイエスのように、私たちも人を愛することができると述べている。イエスは、次のように語った。

あなたがたに新しい掟を与える。
互いに愛し合いなさい。
わたしがあなたがたを愛したように、
あなたがたも互いに愛し合いなさい。

（ヨハネ福音書一三・三四）

イエス以前にも、ギリシアの哲学者アリストテレスのように、愛が何であるか、いかに大切なものであるかを明らかにしようとした人がいた（特にアリストテレスの『ニコマコス倫理学』の「隣人愛」を参照のこと）。

しかしイエスが求めたことは、倫理学によって定義された「愛」を自分自身の「徳」を高めるために実践することではなかった。イエスが求めたことは、私たち自身が神や人から「愛されている」ことを知り、自分が愛されているように、他者を愛することだった。そのためには、自分がいかに愛されているかを知る必要がある。私たちはさまざまな人たちから愛されている。その愛は、私たち人間が考え、私たちが身につけてきた愛にすぎないかもしれない。しかし私たち人間はそもそも神に愛されている。私たち自身が神に愛され、たとえ不完全なものであるにせよさまざまな人たちから愛されていることを知り、みずから愛し合いながら生きようとするときに、私たちは人間として完全なものを目ざして成長することができるのである。

聖書の中には次のような言葉がある。

愛する者たち、
神がこのようにわたしたちを愛されたのですから、
わたしたちも互いに愛し合うべきです。　（ヨハネの第一の手紙四・一一）

この「愛」を、知恵によって学ぶことはできない。「愛」を倫理学や心理学、人間学や宗教学上の「知恵」から学ぼうとすると、「かたち」だけのものとなり、大きな間違いを犯してしまう。愛は、人から人へと伝染し、共感され、世代を超えて受け継がれていく。愛されたことのない人が、他者を愛することは不可能である。私たち人間の中には、不幸にして親からも、大人からも、教師からも、そして「神」からも愛された経験がないと感じる人たちがいる。だが果たしてそのとおりなのだろうか。聖書が伝えるイエスは、少なくとも神は私たち一人ひとりを愛していることを明らかにしたのである。

いずれにせよ、私たち人間は愛されることによって愛することを身につけ、愛することにおいて成長することができる。始めから完全な愛を持つことは誰にもできない。だからたとえ相手を傷つけることがあったとしても、たとえ愛することが一時的に挫折することがあったとしても、隣り合って存在するさまざまな人たちと愛をもってともに歩み続けることによって、「小さな愛」を成長させ、ともに天にある「大きな愛」を追い求め続けることができるのである。

人を愛することは共感し合うことから始まる

イエスは、第四に「人を愛することはこの世で悩み、苦しむ人たちの思いを共感し合うことから始まる」ことを明らかにした。この世は矛盾に満ちている。しかしイエスが示した生き方は、私たちにこの世からの逃避をもたらすのではなく、自分の過去の過ちを見つめながら、互いに共感し合って、今、ここで、それぞれにできることをすることを求めている。その際に「それぞれにできること」とは、それぞれが自分に都合よく「自分はこれくらいのことをしておけばいい」ということではなく、神の愛に支えられながら、自分に与えられた「いのち」を生かし、自分が隣り合って存在するさまざまな人たちとともに生きることを可能にするために「それぞれに与えられている課題」に全力で取り組むことである。

イエスによれば、「神を愛すること」と、「隣人を愛すること」と、「自分自身を愛すること」は、私たちの心の深い奥底で結びついている。したがって「神を愛すること」ができるからこそ、「隣人を愛すること」もでき、さらには「自分自身を愛すること」もできるという関連を見失わないようにすべきである。あるときイエスは、「どの掟がもっとも大切なものですか」という問いに次のように答えた。

第一の掟は、これである。
「イスラエルよ、聞け、
わたしたちの神である主は、唯一の主である。
心を尽くし、精神を尽くし、思いを尽くし、力を尽くして、
あなたの神である主を愛しなさい」。
第二の掟は、これである。

「隣人を自分のように愛しなさい」。
この二つにまさる掟はほかにない。
（マルコ福音書一二・二九―三一）

イエスがここで語ろうとしたことは、私たちすべての人間を愛してくれる「神」の愛に触れ、それを前提に私たちもまた「神」や「隣人」や「自分」を愛することができるということである。愛するためには、愛を知らなければならない。愛を知るためには、愛されなければならない。私たち人間は、「神」に愛されており、そのことを知るときに、「愛する」ことを学びみずから神や他者や自己を「愛すること」ができるようになる。

イエスは、「隣人を自分と切り離し、隣人の抱えている問題を客観的に分析し、その問題を解決するために必要なことをしなさい」と教えているのではなく、「相手」の苦しみを「自分」の苦しみとし、まさに自分自身の問題として、相手に関わりなさいと教えている。「隣人を自分にように愛する」ためには、「隣人」の置かれている状況や「隣人」の思いを知らないと、相手を愛することはできない。また「自分は常に自分に都合よく行動しようとしているだけではないか」……と自己分析しないと、相手を「愛すること」はできない。

その際に自分にとって「隣人」とは誰のことなのかを考えることが大切である。自分の近くにいて生活をともにしている人たちから、旅の途中でたまたま出会った人たち、あるいは地上の遠く離れた場所に住んでいる人たちまで、さまざまな人たちが自分にとっての「隣人」である可能性がある。私たちは、遠くにいる人たちより身近にいる人たちのことを考えなければならない場合がある。しかし身近にいる人たちとともに生きるためにも、遠くにいる人たちのことを考えなければならない場合もある。そのことをいつも考えながら、そして自分の無力さに心を痛めながら、一人ひとりが、今、ここで、どのように歩むのかを判断する必要がある。

世界のどこかで、食料さえ十分に得られず貧困に苦しんでいる人たちがいることを知ったら、私たちはどのように行動するだろうか。どうしたら私たちは、「隣人を自分のように愛する」ことができるのだろうか。こうしなければならないという「正解」はない。それぞれが自由に判断すべきである。そのような場合に、たとえ小さなことでも援助しようと考えるかもしれない。現地に赴き、現地の人たちのために何らかの活動しようと考えるかもしれない。あるいは、地上から貧富の格差をなくし、ともに助け合って歩むために社会を改革しようと考えるかもしれない。いずれにせよ、「同じ人間として、ともに共感し合いながら、ともに支え合い助け合って歩もう」と考えるなら、それはすでに「隣人を自分のように愛そう」とする行為であると言える。

イエスは、このような愛が世界を変えると主張した。愛し合いつつ生きるということは、さまざまな境界線を越え、国境を越えて、他者と出会い、人間としてともに生きることである。イエスは「愛することなく生きようとする人たち」の中で「愛」を訴えた。その「愛」こそが、それぞれの人生を変え、この世の歴史に変革を生みだす。したがって愛し合いながら歩むことに思い違いをしたり、愛することに挫折したりすることのないように注意しながら、神の愛を私たちの具体的な問題に即して理解し、愛のわざを実践しながら歩むことが大切である。

愛は、永遠に私たちを結びつける

イエスは、第五に「愛は今、ここで、私たちを神や隣人に結びつけるだけでなく、永遠に結びつけるものである」ことを明らかにした。イエスが明らかにした愛が実現するところでは、それぞれが自分を生かし、愛によって人と人とが生かし合う「永遠の国」が出現する。私たちが今、ここで、蒔く小さな愛の「種」は、人との出会いをもたらし、ともに生きる共同体（イエス共同体）を築かせ、大きな「花園」へと成長していくのである。

私たち人間が今、ここで、「愛の種」を蒔くなら、私たちの前に広大な未来が開けてくるだろう。私たちは、今、ここで、立ちあがる勇気を与えられ、未来に希望をもって歩み出すことができる。私たち人間は、私たちとともに歩むイエスやさまざまな人たちから助けられて、より高いものを目ざして歩み続けることができる。蒔かれた「愛の種」はやがて根を張り、芽を出し、枝を伸ばして成長し、「美しい花」を咲かせ、大きな「収穫」をもたらすだろう。

すでに蒔かれた種もあり、今、ここで蒔かれようとしている種もあり、これから蒔かれる種もあるだろう。大切なことは、蒔かれたすべての種がともに成長し、さまざまな色をもつ愛の花を咲かせることである。イエスが生きた愛、そして教えた愛は、そのような「花園」をもたらすものだったのである。

イエスがいた頃、地中海沿岸にローマ帝国の経済的、軍事的な拠点が作られ、人々がローマの繁栄によって平和がもたらされるという「パクス・ロマーナ」を期待していた。しかしイエスは、そのような状況の中で、経済力でも軍事力でもなく「愛」こそが人類の歴史にとって、またそれぞれの人生にとってもっとも大切なものであり、愛なしには「善」は「悪」に打ち勝つことはできないことを明らかにした。

私たちが目標とすべき「神の国」について、イエスは次のように語った。

ヨハネが捕らえられた後、イエスはガリラヤへ行き、
神の福音を宣べ伝えて、
「時は満ち、神の国は近づいた。
悔い改めて福音を信じなさい」と言われた。
（マルコ福音書一・一四－一五）

イエスは「神の国に至る方法」を描いているのではない。イエスはまた「神の国に生きる者として、

このように考え、このように生きなさい」と命じているのでもない。一人ひとりが、さまざまな時代の中にあって、またさまざまな地域の中にあって、それぞれに神から与えられた個性を発揮してそれぞれの道を歩むことによって、ともに「神の国」をめざして歩むことができると、イエスは一人ひとりを招いているのである。

この世に生きる私たち人間が神の国をめざすためには、私たちに近づくイエスの愛を受けとめ、イエスの愛に促されて、一人ひとりが立ち上がり、自由な意志によって「自分を愛するように隣人を愛する」者となることが大切である。国境やさまざまな境界線を越えてさまざまな人たちを愛するときに、また自分という壁を打ち砕いて他者と出会い、お互いに支え合って歩むときに、神の国は、今はまだ夜明け前のようにおぼろげに見えるだけかもしれないが、いずれ圧倒的な光の輝きとなり、すべての人の心を照らし出すものとなるだろう。

第一章　愛という強制、愛というタテマエ

愛という強制、愛というタテマエ

よいサマリア人のたとえ

イエスの教えた「愛」、特に「他者（隣人）への愛」を理解するために、ルカによる福音書から「よいサマリア人のたとえ」を引用する。この部分に書かれていることは、「よいサマリア人のたとえ」として、聖書の中でもよく読まれる箇所の一つである。

ある律法の専門家が立ち上がり、イエスを試そうとして言った。「先生、何をしたら、永遠のいのちを受け継ぐことができるでしょうか」。イエスが、「律法には何と書いてあるか。あなたはそれをどう読んでいるか」と言われると、彼は答えた。「『心を尽くし、精神を尽くし、力を尽くし、思いを尽くして、あなたの神である主を愛しなさい、また、隣人を自分のように愛しなさい』とあります」。イエスは言われた。「正しい答えだ。それを実行しなさい。そうすればいのちが得られる」。

しかし、彼は自分を正当化しようとして、「では、わたしの隣人とはだれですか」と言った。

イエスはお答えになった。

「ある人がエルサレムからエリコへ下って行く途中、強盗に襲われた。強盗はその人の服をはぎ取り、殴りつけ、半殺しにしたまま立ち去った。ある祭司がたまたまその道を下って来たが、その人を見ると、道の向こう側を通って行った。同じように、レビ人もその場所にやって来たが、その人を見ると、道の向こう側を通って行った。

ところが、旅をしていたあるサマリア人は、そばに来ると、その人を見て憐れに思い、近寄って傷に油とぶどう酒を注ぎ、包帯をして、自分のろばに乗せ、宿屋に連れて行って介抱した。そして、翌日になると、デナリオン銀貨二枚を取り出し、宿屋の主人に渡して言った。

『この人を介抱してください。費用がもっとかかったら、帰りがけに払います』。

さて、あなたはこの三人の中で、だれが強盗に襲われた人の隣人になったと思うか」。

律法の専門家は言った。「その人を助けた人です」。

そこで、イエスは言われた。「行って、あなたも同じようにしなさい」。


（ルカ福音書一〇・二五―三七）

この箇所でイエスは、質問に答えるかたちで「愛」について語り、「イエスが教えた愛」、「イエスが実践した愛」がどのようなものかを明らかにしている。

イエスの関心は、「神に生かされ愛されている私たちが、それを前提に、いかに神や隣人を愛する」か」、「愛という概念や理想に縛られることなく、助けを必要としている人を見て、どのように行動するか」ということだった。

生きることと知恵を働かせること

ところで聖書は、「愛すること」以外にも大切なものが二つあると指摘している。旧約聖書の中にその二つが描かれているが、イエスはその二つの大切なものに、さらに「最も大切なこと」、つまり「愛すること」をつけ加えた。そのことをまず考えてみたい。

旧約聖書が大切だと記しているものは、「いのち」と「知恵」である（序章を参考のこと）。なぜ「いのち」と「知恵」が大切なのかというと、この二つのものが、「人間が自分で作りだしたもの」ではなく、「神から与えられたもの」だからである。

旧約聖書の創世記の二章の創造神話には、神が、「いのちの木」と「善悪を見わける知恵の木」を創ったが、人間はその時点では、「いのちの木の果実」も、「知恵の木の果実」も、食べることができなかったと書かれている。神が禁止したからである。

ところが三章になると、人間は、自分の意志で、思いどおりに行動したいと願い、「知恵」の木の果実を食べた。その結果、人類は、生き物の中で最も知恵のあるものとなり、やがて生き物を支配するようになったが、その反面、自然や人間を自分に都合よく利用するための方法を考え出し、自然ばかりでなく、自分自身をも破壊する力を手に入れた。

人間は知恵を働かせて、自然を守り戦争を避けることができるが、知恵があるからこそ、自然や地球を傷つけ、人類を破滅し尽くすこともできる。だからこそ人間は、傲慢にならないよう注意しなければならないのだが、それができないまま今日に至っている。

そこで私たちは、「知恵」を何のために用いるのかを考えなければならない。自分たちが何らかの利益をあげるために、あるいは戦争に勝つために知恵を働かせるのか、それとも自然やさまざまな人間と共生し、ともに平和を作りだすために知恵を用いるのか……、これはまさに現代の私たち人間に突きつけられている問題である。

一方、「いのち」は、依然として「神の領域」にある。人間の都合によって「いのち」を思いどおりにすることはできないと聖書は告げている。私たちは自分の意志で、どの時代に生まれたいとか、どの国に生まれたいと選択することはできない。人間は、自分の寿命を思いどおりに決定することはできない。最近の科学の歩みは、神が人間から遠ざけた「いのちの木の果実」を、何とかして手に入れようとしているかに見えるが、聖書は、神話的な手法によって、「いのちの木の果実」は決して人間の思いどおりにはならないと語っている。たとえ知恵によって医学を進歩させ、健康をある程度、管理できたとしても、たとえ科学技術を応用し遺伝子を解析し、さまざまな治療に役立てることができたとしても、「いのち」をつくることはできないし、人間というたった一つしか存在しない生命体、かけがえのない人格をつくることはできない。それは神の領域を侵すことになる。「いのち」は与えられたものであり、私たち人間はそれを「受けとめ」、「いのち」を与えられたものとして「精一杯、生かす」ことができるだけである。そして与えられたものを、大切なものと受けとめ、それを自分自身で生かすことこそ、私たち一人ひとりが存在する意味である。

およそ二十万年前に広まったといわれる人類の祖先であるホモサピエンスは、いのちを守ろうとし、そのために本能を働かせるだけでなく、知恵を用い、技術を習得し、情報を交換するようになった。ホモサピエンスは、与えられた「いのち」を自分に与えられたものとして生かそうとした。そのために知恵を働かせ、情報を集め、科学技術を発展させたからこそ、他の生き物とは異なって、世界を支配する者になった。

愛すること

ところが「知恵」だけでは人類は生き延びることができないし、誰一人をもしあわせにすることができないということが次第に明らかになってきた。人類が奪い合ったり、競い合ったり、他者を犠牲にしたりする現実を前にして、何か決定的に重要なものが欠けているということが、歴史的な歩みの中で明らかになったのである。一人ひとりがしあわせに歩むために何が必要なのか。世界を闘争の場にするのではなく、安心して暮らせる場にするために、何が必要なのか。その問いにイエスは「愛すること」が決定的に重要だと語った。

人類が登場した最初の段階で示されたことは、「いのち」と「知恵」の大切さだったが、イエスは、人間の文明がある程度、成熟し、人類がさまざまな経験をしている歴史の流れの中で、みずから人を愛し、愛することを教えることにより、「愛すること」がもっとも大切だと教えようとした。そしてイエスは、「愛すること」なしにはホモサピエンスはこれ以上、生き延びられないことを明らかにした。イエスの伝えた「『神の国』の福音」とは、「神の愛を前提に、私たち自身が神や他者を愛することによって成り立つ交わり」への招きにほかならない。

イエスは、さまざまな人々が自分の仲間だけを愛し、それ以外の人たちを無視したり、敵視したりし、場合によっては憎しみを抱くことを批判し、「敵を憎み、味方のためだけに行動するのは、愛ではない」とはっきりと語った（マタイ福音書五・四三以下）。イエスはそのように教えることによって、もし「愛」がなければ、人間はしあわせになれないし、世界は平和にならないと示そうとした。そしてイエスは、この世でさまざまな人たちを愛しながら生きることによって、「愛すること」がどういうことなのかを示そうとした。それはイエスにとって、みずからの歩みに「十字架の死」をもたらすものだった。しかしそれは決して、「生きること」の敗北ではなく、イエスは、人間を「愛すること」の結果としてたとえそのような「死を迎える」ことがあるにせよ、「愛すること」には意味があり、「愛すること」こそが「生きること」に「勝利」をもたらすと語った。

「愛すること」は、人間に与えられているさまざまな可能性の中の「最大の可能性」である。私たち人間には、さまざまな可能性が与えられているが、その可能性を生かしているとはいえない。私たちは誰でも、さまざまな可能性を持って生まれてくるのに、その可能性を生かすことなく、型にはまった人間になって生きている。スイスの作家パスカル・メルシエ（一九四四年生まれ）は、『リスボンへの夜行列車』（二〇〇四年）という小説の中で、夜行列車に飛び乗り旅をすることになった主人公が、同時に、自分の心の中を旅する姿を描き出している。主人公は、「今まで自分が生かしてこなかった可能性は、どうなってしまうのだろうか」と自問する。メルシエは、私たち人間にさまざまな可能性があるのに、それを生かしていないことを問題にしている。

愛することができるということは、私たち一人ひとりへの神からの最大の贈り物である。でも私たち人間は、その可能性を生かすことができないばかりか、その可能性に大きな意義があることを認めようともせず、その可能性を生かす方法を考えようともしない。日本社会のさまざまな問題も、時代の混沌とした状況も、この「可能性」を生かすかどうかにかかっているが、私たちは、「愛すること」についてあまりにも少ししか学んでいない。聖書をよく読んでいるはずのキリスト者でさえ、イエスの愛することについての教えを誤解しているのではないか。

誤解1　愛をグレード分けできるという誤解

私たちが「愛すること」をいかに誤解しているか、ここではいくつかの点を指摘する。

私たちは、いわゆる競争社会の中にあって、人を評価するための指標を探し出し、自分こそが優位に立っていると都合のいい判断をくだし、満足しがちである。そういう中で生きている私たちは、「愛すること」についても無意識のうちにグレード分けし、他者と優劣を競い合おうとしている。

プロテスタント神学は、イエスが教えた「愛すること」の実践よりも、「愛という概念」を明らかにし、イエスが活動した当時のギリシア語による「愛」という概念を体系化し、イエスの教えた「愛」を理念化し、その「愛」を人間に押しつけようとした。その結果、教会において人間はすべて「ほんとうの愛」を知り実践する者となるように強要され、そのための「訓練」の場が教会の課題の一つとして数えられるようになった。しかし人間は理想を目ざして生きることはできても、理想どおりに生きることはできない。無理にそうしようとすると、理想と現実の間にギャップが生じ、その結果イエスの教えはキリスト者のタテマエとして理解されるようになる。

ところでイエスが登場した頃のギリシア語には、愛を示す四つの言葉があるといわれている。

ストルゲー（家族の愛）

フィリア（友愛）

エーロス（高い価値のあるものを追求する愛）
アガペー（高い価値のあるものから与えられる無償の愛、慈悲）

キリスト教会は、このうちのアガペーという単語を、神の愛、あるいはイエスの愛を指す言葉として理想化し、あとの三つを人間的な愛と位置づけた。またその中でもエーロスをもっとも肉欲的な愛だと見なすようになった

しかしこのように、「愛」をいろいろな段階に分けて考えると、「愛」の中に「低俗な愛」と「高尚な愛」があり、キリスト教の「愛」は、高尚なもの、純粋なもの、最高のものであって、それ以外の低級な愛、邪悪な愛とは区別されることになる。

しかしイエスは、「愛」には段階があって、「最高の愛」を実践すべきだと教えたのではない。イエスは、神から愛されている私たちが、「神から愛されている自分を生かし、愛をもって相手と向き合い、その相手に共感し、対話しつつともに歩むことが大切だ」と教えたのであって、「高尚な愛とはこういうものだから、そのように実践しなさい」と教えたのではない。愛とは、人と人との関係性を表す言葉である。親子関係、友人との関係、異性との関係、同性との関係、地域のさまざまな人たちとの関係……、これらすべては人間と人間との関係である。イエスは、今、ここで、自分の前にいるさまざまな人たちと自由に関わり、もしお互いがお互いに向き合うべき相手だと思うなら、覚悟を決めて相手を「愛する」ようにと勧めたのであり、決してキリスト者の義務として「高尚な愛」を演じて行

うように命令したのではない。イエスは倫理学や道徳哲学の教師ではない。イエスは人間に最高の可能性を提示したのであり、その可能性を生かすかどうか、どのように生かすかは、私たち人間に委ねられている。したがって私たちは、相手を生かし、自分も生かし、お互いにともに生きることを可能にする愛を、みずからの判断によって選択することが求められているのである。

ちなみに日本では、『アガペーとエロース』（一九三〇年）という書物がよく読まれている。これを書いたのは、スウェーデンの神学者であったA・ニーグレン（一八九〇－一九七八）で思想史的にはルター派の「二王国論」に基づくものだと考えられる。それによるならば、人間はこの世的には政治的支配者のもとに置かれているが、霊的には教会の権威のもとに置かれているということになる。ルター派の「二王国論」とは、神がこの世に「教会」と「国家」という「二つの領域」を設定したという考え方で、キリスト者は教会においては神の支配に服すべきだが、国家においては政治的権力者の支配に服すべきだというものである。

日本の教会でも、「信仰者は、礼拝を守り、聖書を読み、信仰告白文を唱え、祈ることによって、信仰者としてふさわしく歩むことが大切であり、政治問題や、この世の歴史的な問題に関わるべきではない」と言われることがあるが、そのような考えの背景には、「教会の領域」と「国家の領域」を二つに分割して考えたルター派の影響があると考えられる。

キリスト者は、自分たちが考える「愛」こそがすべて正しいと理解し、非キリスト者の「愛」を「自己愛」にすぎないと決めつけて、この世的なものをすべて否定してよいのだろうか。あるいは自分たちの生き方を霊的なものと見なし高く評価し、この世の政治的なものを低く評価してよいのだろうか。そもそもキリスト者が果たさなければならないのは「心情倫理」であり、この世に生きる人が果たさなければならないのは「責任倫理」であると二分化してよいのだろうか。

私たちは、今、ここで、倒れている人、生活に困っている人、ストレスや不安を感じている人の傍らに立ち、相手に共感し、ともに愛し合いながら生きるために、たとえ小さなことであっても行動を起こすことが大切なのであって、それが「教会」の課題か「国家」の課題かと二分割して考える必要はない。私たちの小さな行動は、「完成した愛」ではないかもしれないけれども、イエスの愛に促されて、みずからの自由な意志によって愛することが大切なのであって、その愛をグレード化したり、美化したりして、それを他者と競い合う必要はない。

誤解２　理想化（模範化）された愛を追求すべきだという誤解

愛をグレード分けした結果、キリスト教においては理想化された最高の愛であるアガペーが、イエスの愛と見なされるようになった。アガペーについては、日本の国語辞典では「純粋な愛、無償の愛、自己犠牲的な愛」などと説明されている。福音書が描くイエスの愛がそのようなものだったことは、間違いがないかもしれない。しかし「無償の愛」や「自己犠牲的な愛」、あるいは「献身的な愛」が高く持ち上げられるようになって「愛」についてのキリスト教的な固定概念がつくられ、実際に多くの人たちが、相手に献身的にふるまい、自分のいのちを投げ出してまで相手に仕えるように強要されるという事態が起こった。一方で、そのように何もかも投げ出してまで人を愛することのできない人たちが、不信仰だから愛することができないのだと見なされるようになった。

また家庭においては、献身的に愛すること、「妻」が「夫」に無償で仕えること、「子」が「親」に従順になること、社会においては「奴隷や身分の低い者」が「主人や身分の高い立派な人に無条件で仕えること」がアガペーなのだと理解されるようにさえなった。キリスト教の指導者たちの中には、一般の貧しい人たちに向かって、禁欲的になり、自分の持っているすべてのものを国家や教会のためにささげるべきだと教え、国家や教会に従順になるように強要する人たちも現れた。

このような考え方は、特に戦前の日本で顕著だった。日本には「滅私奉公」という言葉がある。滅私奉公とは、「国家のために、祖国のために、地域社会のために、自分を犠牲にして奉仕すべきである」という教えだが、これは決して愛とはいえない。ところが戦前の教会は「神」と「天皇」を明瞭に区別せず、キリスト者に「教会」への「滅私奉公」を強要し、社会的には「天皇制国家」に対して献身的であるべきだと教えたのである。私たちは、日本という天皇制国家が国民に要求する「滅私奉公」という生き方と、イエスが教えた、自分を生かしつつ相手を「愛する」という生き方が、日常生活の中で、具体的にどのように違うかをはっきりさせる必要がある。そうしないと「互いに愛し合いなさい」

というイエスの教えを誤解し理想化し、無意識のうちにイエスの教えとは異なる日本的な生き方に巻き込まれることになるからである。

誤解3　愛されることが大切だという誤解

さてイエスが、「お互いに愛する」ように私たちに勧めているのは、私たち人間に、人を愛する可能性が与えられているからである。ただしここでも誤解しないように注意しなければならない。イエスは、「神を愛するように、そして隣人を自分のように愛するように」と教えているが、決して神や人から「愛されるような自分になりなさい」と教えているのではない。

神や人から「愛されたい」という欲求は、自分が神や人から認知され承認されたい、しかもより高く評価されたいという思いにつながる。孤独な人は、誰でもかまわないから自分を愛してくれる人を探そうとする。そして自分がより多くの人たちから評価され、気に入ってもらおうと努力し、自分を相手の好みに合わせようとする。その結果、相手に気に入ってもらえると考え、相手に好まれる自分を演出するようになる。

私たちは、人に嫌われるようなことをすると、誰も自分のほうを振り向いてくれないのではないかと不安になる。だからいつも「その場の空気」を読み、「どのようにふるまえば、何を語れば、相手から好まれるか」を考え、それに自分を合わせようとする。

私たちはそもそも、幼少の頃から親に気に入られようとして生きる。やがて幼稚園や学校に入ると、今度は、教師に気に入られようとし、同級生や友人たちからも高い評価を受けたいと考え、必死に努力することになる。そして大人になってからも、そのような身に染みついた生き方を捨てられずに生きることになる。特に同調圧力の強い日本社会においては、自分の考えを表明すると、相手から生意気だと思われたり嫌われたりすることになるので、先回りして相手に気に入ってもらえることだけを語ったり、あるいは何も語らず沈黙を押し通そうとする。そういう態度をとり続けることによって、私たちは誰とでも気が合い、誰とでも同じ価値観をもって生きていけるという錯覚におちいる。でもそれは、一般市民が、独裁者のもとで一つになるのと同じことであり、そうすることによって私たちは自分を失ってしまう

イエスは、「愛されるようになりなさい」と教えたのではなく、「愛しなさい」と語った。またこの世で人々に愛されるように生きたのではなく、むしろ嫌われ、憎まれ、さげすまれながら歩み続けた。イエスはさまざまな人たちを愛したが、愛されようとはしなかった。「愛する」ということは、自分とは異なる相手を愛することであり、自分を愛してくれそうな相手を愛することではない。その相手が自分を愛してくれるかどうかは、その相手に任せられている。だがもしそこで相手が自分を愛してくれ、自分が愛されていると感じることができるなら、そして自分も相手を愛そうとするなら、そこで「出会い」が起こり、「ともに愛し合いつつ歩む」相手との関係が始まるのである。

誤解４　シナリオどおりに歩めばいいという誤解

したがって愛するということについて、こうふるまえばいいというシナリオや、プログラムは存在しない。たえず自分自身を検証し、自分や相手が生きている社会的な状況の中で、今、相手を愛するために何をするべきかを考え、それを一つずつ実践していくことが大切である。そうしながら、常に歴史や人間の世界を見ている神の前で、「これでいいのでしょうか、自分はひょっとして間違ったり、思い違いをしているのではないでしょうか」と問い、愛を深めていけるように祈り求め、自分がひとりよがりな判断をくださないようにさまざまな人たちと対話しながら歩む必要がある。

前出したパスカル・メルシアの『リスボンへの夜行列車』という小説の中に、スイスのベルンから夜行列車に飛び乗った主人公が、リスボンで、すでに亡くなった一人の医者についての話を聞く場面が描かれている。その医者は、たまたま診療所の前で銃撃戦が起こり、倒れた人にその場で緊急に医療を施し、いのちを助けた。まさに目の前で人が倒れていたからこそ、いのちを救ったのであり、その行為はほめられて当然だと考えられる。ところが、その医者が助けたのは体制派の秘密警察に所属する将軍で、多くの市民を弾圧し、不当に逮捕し、何人もの人々を拷問にかけ死に追いやった張本人だった。しかもその将軍は、健康を取り戻してから、以前にも増して弾圧を強化するようになった。この将軍のいのちを救った医者は、それまで反体制派の貧しい人々のいのちを場合によっては無報酬で助けてきたのに、その人たちを弾圧した側の将軍のいのちを救ったことで、人々から責められることになる。著者のメルシアは、この医師の行動が正しかったかどうかにはふれず、判断を読者に委ねている。メルシアは、たとえ人のいのちを救う行為だったとしても、それが正しいのか、正しくないのかは、簡単に判断できないと言おうとしている。私たちは、そのようなきびしい現実の世界に生きている。そのことを踏まえながら、誰をどのように愛するのかと、その時々に判断しながら生きるしかない。

最初に引用した「よきサマリア人のたとえ話」の中で、イエスは、一人のサマリア人が強盗に襲われた人のいのちを救う場面を描き、隣人を愛することがどういうことかを明らかにしようとした。しかしこのたとえ話の中で、イエスは「そのサマリア人のように行動しなさい」とは決して語っていない。イエスは隣人愛について考えるための一つのたとえ話を語り、「誰が強盗に襲われた人の隣人になったと思うか」と問いを投げかけているだけであり、この問い対する「正解」は述べられていない。イエスと語り合っていた律法の専門家は、『強盗に襲われた人』を助けた人だと思います」と答えているが、これはあくまで律法の専門家の出した答えである。それに対してイエスは、「もしあなたがそう思うのなら、そのとおりにしなさい」と語っている。私たちは、イエスの言葉に耳を傾けながら、自分の思いに従って行動してみるしかない。もしそれが間違った判断だったと気づくなら、気づいた時点で立ち止まって新たに出発するしかない。

この時、倒れていた旅人は、もしかするとたくさんの財産を持っていたから、強盗に襲われたのかもしれない。しかも旅人の財産は、不当な手段によって手に入れたものだったのかもしれない。旅人は、一般の民衆を抑圧する権力者だったのかもしれないし、強盗は、人々を解放するために抵抗運動をしたのかもしれない。このたとえ話では、旅人がユダヤ人であったと設定されているが、このことは「サマリア人を差別していた張本人だった」ということを示唆している。サマリア人を差別するユダヤ人のいのちを救うとしても、サマリア人の旅人は再び差別されるかもしれない。しかしサマリア人は、この旅人がどのような人かを尋ねることなく、助けの手をさしのべた。サマリア人は、何も考えずに、とっさに、いのちを救おうとして行動を起こした……これがこのときのサマリア人の態度だった。

このことからもわかるように、イエスは、あなたはこうすべきであるから、こうしなさいと命令しているのではなく、あなたは「隣人を愛する」ということをどう考えるのかと問い、あなたはあなたの考えに基づき、あなたなりの責任をもって相手を愛するために行動しなさいと語っているのである。自分が愛するべき「隣人」が誰であるのかは、自分で判断するしかない。シナリオは存在しないのである。

ディートリッヒ・ボンヘッファー（一九〇六－一九四五）というドイツ人の牧師は、第二次世界大戦中にヒトラーへの抵抗運動に参加し、ヒトラー暗殺を計画するグループと行動をともにした。その際にボンヘッファーは、「これが正しいから、自分はこのように行動する、そしてこれが正しいから、あなたがたも同じように行動しなさい……」というようには決して語っていない。ボンヘッファーは、ヒトラーが無謀な戦争を続け、戦争に参加できない障がい者を安楽死に追いやり、ユダヤ人絶滅計画を立て多くのユダヤ人や外国人、反戦主義者を強制収容所に送り、虐殺していることを知り、それを阻止するためにどのような可能性があるのかを探り、自分自身はどう歩むべきかを思い悩み、苦しみ、その状況の中で聖書を読み、祈り、さまざまな人々と対話しながら、一つの結論をくだした。それはクーデターに参加し、ヒトラー政権を壊滅させるということだった。その際のボンヘッファーの姿勢は、短く要約すれば、「自分は他者とともに歩むためにこれしかないと思う道を歩むけれども、それが正しいかどうかはわからない。それが成功するかどうかもわからない。すべてを神の判断に任せるしかない。もしその道が間違っているとしても、私は責任を引き受ける」というものだった(『キリスト教倫理』、ディートリッヒ・ボンヘッファーの死後、一九四九年に編集されたもの)。ボンヘッファーは自分の行為を正当化するために新しい倫理学を構想したのではない。むしろ自分の歩むべき道を探り、それにどのような問題点があるかを明らかにし、何を選択しても無意味に思える状況の中であえて一つの道を選びとるために、新しい倫理学を構想したのである。

こうすれば人を愛することができるというシナリオを、誰にでも納得できるかたちで提示することはできない。「愛する」ということを、私たちは、神に与えられているいのちを生かしながら、それぞれの判断でしなければならない。私たちは、自分が傲慢にならないように細心の注意を払いつつ、また常に自己正当化を避ける努力をしながら、責任をもって、イエスのように人を愛する者となることが求められている。

愛することは創造的な行為である

イエスは、神に生かされ愛されている人間が、お互いに愛をもって相手と対等に向き合い、対話しながら、ともに生きることが大切だと教えた。愛するとは、お互いに神から与えられている「相手とは異なる自分」を生かしつつ、そして同時に「自分とは異なる相手」に共感しつつ、「自分」を「相手」に関連づけ、対等な関係を築き、お互いに相手を信頼しながら歩むことである。

この「共感」に基づく信頼関係は、人間にとって無くてはならないものである。この信頼関係を持つことができないなら、私たち人間は孤独に生きることになる。でももし私たちが、相互に信頼関係を築き、お互いに愛をもって生きることができるなら、私たちは人間として、ともに支え合い、ともに課題を担い合って、ともに人間らしく歩むことができるだろう。「愛する」ということは、とても創造的な行為なのである。

愛することは、私たちの自由な意志によってのみ可能になる。私たちがもし人を愛することにおいて判断を誤るなら、みずからの行為を検証し、自分に何らかの非があるのであればそのことを反省し、謝罪すべきである。しかし相手に反省を迫らなければならない場合もある。愛することは、白いキャンバスにともに絵を描くようなもので、それは共同作業として為される。一方が他方に指図して絵を描かせるのではない。愛することは自由な行為なので、すべての責任は共同して負うべきである。

したがって、もし自分の前にいる人に対して何をしたらよいのかわからないなら、正直に「自分はどうしてよいかわかりません」と相手に伝えるべきである。あるいはそこで、「自分はあなたのために何をしたらよいのでしょうか。私にできることは何でしょうか」と尋ねることもできる。またさまざまな人たちと「自分たちの生きている『時代の問題』」について対話することもできる。

私たちは皆、人間なので失敗することがある。イエスは、失敗してはならないと教えているのではない。また失敗しないような仕方で、相手を愛しなさいと教えているのでもない。私たちは失敗から学ぶことができる。失敗することを恐れず、失敗を繰り返しながら、もしさまざまな人たちを愛し、信頼関係を築こうとするなら、私たちは決して孤独や絶望に向かうことなく、ともに生きる喜びに満ちた交わりを築き、平和な世界の実現に向かって歩むことができるだろう。いずれにせよイエスは、理想的な愛を生きるようにと教えたのではなく、さまざまな人と向き合い、今、ここで、隣人を愛する者となってともに生きるようにと教えたのである。

最後に

このイエスの教えた愛がどのようなものなのかを、私たちは自分の生きている場で、具体的に、自分自身の課題としてとらえることが重要である。そのために聖書に学びながら、また日々の生活の中でさまざまな体験を繰り返しながら、生涯をかけて成長していくことが大切である。私は、愛について学ぶことに「遅すぎる」ことはないと考えている。しかしそれとは逆に、「今、ここで、神から愛されている自分を積極的に生かし、相手に向き合い、共感し合わなければ、時機を逃してしまうこともある」と考えている。

私たちはそれぞれの「過去」を踏まえながら、「今、ここで」自由に、しかしお互いに相手に対する責任を負いつつ歩むときに、私たちの「未来」は、光に満ちあふれるものとなるだろう。

第二章　国家（＝天皇制）に従順にならないために

はじめに

私は、アルノ・グリューンの『私は戦争のない世界を望む』（原著二〇〇六年）を二〇一三年に、『従順という心の病い』（原著二〇一四年）を二〇一六年に翻訳した。

グリューンは、ドイツのベルリン生まれのユダヤ人で、ナチスの迫害を逃れ、米国のニューヨークに移住し、後にヨーロッパに戻り、スイスのチューリヒで精神療法の診療所を開設すると同時に、幼児期の心理学的な諸問題、暴力を生み出す心のメカニズム等を解明した。そして晩年に独裁者や権威主義的指導者が登場する社会的・心理学的な背景について一連の書物を出版した。グリューンの問題提起は、私たち東アジアに生きる者にとって、決して無関係とは言えない。グリューンは、日本の政治的な問題を直接、論じているわけではないが、権威者に従順になり、長いものに巻かれる日本人にとってさまざまな示唆を与えてくれる。

私は現在、沖縄に住んでいるが、以下の文章において、巨大な軍事基地の重圧によって押しつぶされようとしている沖縄の現状を明らかにし、そのような問題を沖縄に押しつけその流れをさらに加速させようとしている日本の問題を指摘し、グリューンに学びつつ、私たちの中にある暴力をどのように克服できるのかを考えてみたい。

身近で起こる米軍機事故

私の住んでいる所は、沖縄県の宜野湾市内である。そこは「在日米軍海兵隊普天間基地」が使用している普天間飛行場のフェンスから四、五十メートルしか離れておらず、常に危険にさらされている。

名古屋での講演会から約一か月後の二〇一七年十二月七日には、南北に延びている滑走路の北側近くの野嵩《のだけ》にある緑ヶ丘保育園（普天間バプテスト教会付属）に、普天間飛行場所属のCH53E大型輸送ヘリコプターの部品が落下した。またその直後の十三日には、普天間第二小学校の校庭に米軍ヘリコプターの操縦席のドアーが落下するという事故が起きた。

名古屋の十一月の集会では、同型のCH53E大型輸送ヘリコプターが、十月十一日に東村高江区の民間農地に墜落、炎上したことを報告したばかりだった。

ほぼ同型といえるCH53D大型ヘリコプターは、二〇〇四年八月にも、滑走路の南側に位置する宜野湾区の沖縄国際大学正門前付近で空中爆発し、墜落し、炎上した。普天間飛行場周辺は、どこに行っても危険から免れられない。この墜落について米軍は、「不時着して炎上した」（つまり不時着することは想定内であり、不時着は成功したが、その後に火災が起きた）としか説明せず、原因の究明を要求しても「人為的なミス」だったと繰り返すばかりだった。

次から次へと事故や事件が起こる中で、危険を察知し、軍事基地そのものに反対の声をあげていくことは当然である。しかし沖縄でいくら反対の声をあげても、日米両政府からは、沖縄という「一つの地域に限定された問題」と矮小化され、日米両国の全体の問題とは認識されず、沖縄の島々から軍事基地を撤廃したいという願いは聞き届けられない。

個々の事故や事件は、単なる個々のできごとではなく、日本政府のアジア政策や日米の同盟関係を背景とするものなので、私たちが平和を作りだすためには、個々のできごとを引き起こす背景を見極め、根底に横たわる共通の問題を明らかにし、その問題にさまざまな人たちが連帯して取り組むことが重要である。

日本政府は、現在、普天間飛行場の危険性を除去するために、名護市辺野古沖に代替施設を建設しようとしている。しかし日本政府が建設を予定しているのは、決して普天間飛行場と同程度の設備を備えた代替施設ではなく、最新のハイテク機能を備えたまったく新しい軍事拠点である。しかも日本政府は辺野古沖に代替施設が完成すれば、普天間飛行場の必要性はなくなるかのような説明を繰り返しているが、辺野古に新基地を建設しても、普天間飛行場がなくなるという保証はない。

日本政府のシナリオは、沖縄ですでにささやかれているように、またいくつかの資料によって明らかにされているように、次のようなものだと考えられる。

①普天間飛行場の代替施設を作るという名目で、米軍海兵隊に提供するための「新しい軍事基地」を辺野古沖に建設する、②辺野古沖の新しい軍事施設を、日本の自衛隊と共同使用する。③普天間飛行場の規模を縮小し「自衛隊基地」とし、緊急の場合には米軍との「共同使用」を可能にする、④米軍

がもし沖縄から引き上げることがあれば、辺野古に建設された新しい軍事基地を「自衛隊基地」として使用する、というものだと考えられる。

それゆえ日本政府にとっては、「米軍基地は危険だ」と言われることは決して不都合ではなく、むしろ「米軍基地は危険でも、自衛隊基地は安全だ」というイメージを与えることが最大の関心事だと考えられる。日本政府は、「米軍による加重な基地負担を軽減する」とか、「普天間飛行場の危険性を除去するためには、新基地が必要だ」と繰り返し語っているが、「普天間飛行場」を撤去するとは決して語っていないことに注意を払う必要がある。

近所の人たちから聞いた話では、二千八百メートルの普天間飛行場の滑走路を延長するための予備工事が始まっているそうである。米軍は以前から、たとえ辺野古に新基地が建設されるにしても、緊急事態に備えて、もう一本、「三千メートル級の滑走路が必要だ」と主張している。現在のところ、三千メートルの滑走路を持つ空港は、嘉手納基地を除けば民間の那覇空港以外にはあり得ない。しかし那覇空港はすでに航空自衛隊が共同使用しており、現在建設中の新しい滑走路が完成しても超過密状態が予想される。那覇空港を米軍まで使用可能とするのは非現実的である。したがって米軍の要求に応じるためには、普天間飛行場を延長して用いるしかないと考えられる。

このことについては、稲田朋美元防衛相が重要な発言をした。稲田氏は、二〇一七年六月六日の参院外交防衛委員会で、「普天間飛行場の返還のためには、緊急時の民間施設の使用改善を含む返還条件が満たされる必要がある」と述べ、その上で、「米側と調整がとれなければ返還条件が整わず、飛行場は返還されないことになる」と述べた。「緊急時の民間施設の使用改善」とは、二〇一三年に日米で合意された返還をめぐる「八条件」を指すと考えられるが、日米間で具体的にどのようなやりとりが為されているのかは、何も明らかにされていない。またこの日の稲田氏とのやりとりも、それ以後のマスコミ等の報道において、一切、取りあげられていない。

したがって普天間飛行場周辺が危険であるのは言うまでもないが、だから辺野古に新しい軍事施設を建設すればいいというのは誤りである。辺野古に移転したところで、普天間飛行場は無くならないかもしれないのである。

米軍基地が危険の要因であると訴えたところで、そもそも沖縄に自衛隊基地を含めて軍事的拠点が存在するなら、そして日米が共同で軍事演習を続け、場合によっては軍事行動を起こすというのであれば、住民の危険性が改善されることにはならない。

個々の事故や事件や基地再編の動きを個別に批判するだけでなく、さらに「より広い」状況を探らなければ、暴力や軍事力とは無縁な社会を築くことはできず、平和を目ざして歩むことはできないだろう。

問題の根底にあるもの

さて、個々の事件や事故をなくすためにも、東アジアの状況を分析し、日本や、米国の動向を探ることはとても大切なことだが、それだけではなく今日の民主主義的と言われる諸国家の致命的な欠陥をも問題にしなければならない。それは、「一国優先主義」、(あるいは「一国・民主主義」、「国家主義的・民主主義」とでも呼ぶべき政治形態)の問題である。世界中のほとんどの民主主義国家は、自国民に対しては民主主義を標榜するが、すべての人間の自由や平等、あるいは人権を保障しているのではない。むしろ民主主義的国家といえども、近代の「国家」主義的な原理の上に成立したものにすぎない。したがって民主主義国家は、ハードな「枠組」を持つソフトな「民衆集合体」として捉えられており、ソフトなものを守るためにハードな枠組ないしは骨組を必要としている。そのソフトなものを守るという名目で国家は強権を発動するのである。

日本は開国以後、日本を近代化するにあたり、欧米の「国民国家」の思想を学んだ。日本は、国内において民主化を促進しながらも、国民国家としては、軍事大国ならびに経済大国への道を探った。国民に一定の権利を与えつつ一つの強い国家として存続させるために、当時の日本政府が考えたことは、「天皇制」を最大限に利用することだった。このことは今日の日本においてもまったく変わっておらず、政府は国民に民主主義の幻想を押しつけつつ、国家主義的な大国としての強い国家を維持し続けており、そのための精神的拠り所として、「日本国民の統合の象徴としての天皇」を利用している。

今日の日本政府はさまざまな政策をとおして、国民に「民主主義」を保障するためには「強い国家」

が必要だと思わせようとしており、そのために日米同盟が必要だと主張している。しかし日本は、米国と密接な関係を持つ「強い国家」になることによって「民主主義国家」となることができるのだろうか。そもそも「強い国家」と「民主主義」は矛盾するのではないか。「経済大国」や「軍事大国」を目ざすことによって、日本は「独裁的な国家」を成立させることになるのではないか。

天皇制「国家」の問題

政府の求めていることは、現時点においては、決して天皇に政治的権限を与えることではない。政府は、天皇の持つ権力を強化しようとしているのではなく、みずからの権力を強化し、強い「国家主義的な大国」をつくるために「天皇制」を利用しようとしているのである。そして日本人は一体であるという意識を植え付けようとしている。

「天皇制」というと日本に特殊なものと思われがちだが、それは天皇のもとですべての日本人が一体であると意図的なイメージ操作がなされていることの結果にすぎない。現在の日本が抱えている問題は、「近代国家」の問題であり、「国民国家」の問題である。日本人は皆、同じ日本人なのであって、そのすべてが「日本という国家」の「国民」であり、そのような「日本人」から離れて個人は存在できないというイメージ操作が至るところでなされている。政府は、日本という国は、「日本人」のための「国家」であり、「日本人の安全と財産を守るために存在する」と繰り返し表明しており、しかも国民はそれを当然のこととして受け入れている。それ故日本は、難民を決して受け入れようとせず、アジアの民衆に利益を還元しようとせず、自国民の利益だけを守ろうとしている。しかも自国民だけの自由や平等を擁護し、自国民のみの人権を保障しようとしている。

このような状況が生み出されたのには、代々の天皇家にも責任がある。天皇家は、古来、政治的権力に寄生することで生き延びようとしてきたからである。天皇家にとっては、何よりも宗教的な権威として認知されることが重要なことだった。そのためには国家が安泰であることが望ましいことだが、天皇家が政治的な権力を行使するようになると、場合によっては天皇家の責任が問われることになる。したがって天皇家は、国家の権力者からは一定の距離をとり、国家の政策の責任がみずからに及ばないように細心の注意を払いながら国家と関わり続けてきた。多くの寄生体は、宿主（＝ウイルスなどの寄生体が寄生する生き物）が生きながらえることを望みながら、ひっそりと宿主から利益を入手し続ける。宿主が死んでしまえば、自分たちが生きていけなくなるからである。

国家と天皇家のこのような関係は、まさに相互に依存し合う体質であり、日本人の生き方に大きな影響を与えてきた。つまり国民は国家に依存し、国家は国民に依存して、みずからの利益を拡大しようとし続けてきた。しかし天皇家が国家に依存し、国家が天皇家に依存するという相互依存的な体質の中では、もはや何が善であり、何が悪であるかの区別がつかなくなる。

いずれにせよ強い枠組によって強い国家を造りながら、一方においては国民の権利を尊重し、民主的な国家を造ろうという考え方は、すでに述べたように矛盾しているが、その矛盾の生み出す負の果実は、常に社会的弱者が負わされることになる。貧富の格差の是正とか、男女による共同参画というような国民に受けのいいスローガンを並べたところで、国家が強い国家を求め続ける限り、弱者を生み出し、弱者に不利益を被らせることになるだけで、国民が主体となる民主的で自由な社会が実現することは不可能だろう。

足下の問題から取り組む

天皇制のない社会、国境のない平和な世界をつくるためには、自分を生かし他者と共感しながらともに歩む人間関係を築き、それぞれが立っている足下《あしもと》の問題と取り組む必要がある。

その際、「足下の問題」を重層的にとらえることが重要である。私自身のことを例にとれば、①私は「沖縄」に住んでおり、「ヤマト（＝沖縄以外の日本）」に住んでいるのではない。しかしながら②私は、琉球王国を併合した近代国家である「日本」の国民である。沖縄は、かつて「琉球国」として存在しており、日本の版図の一部ではなかったが、現在は「天皇制国家日本」の一部であり、沖縄の人たちの国籍も、日本である。沖縄は「日本」ではないといくら主張しても、「日本国」の都道府県の一つであることには変わりがない。たとえ沖縄が「天皇制国家日本」の被害者であると叫んでも、「沖縄」自身が「天皇制国家日本」の一翼を担っている事実には変わりがない。大切なことは、このような「沖縄」とたち向かうことである。さらに③私は「東アジア」の一画に住んでおり、世界的な視野で眺めればアジアに生きていることになる。足下の問題と取り組むとは、今、ここで表面化している個々の問題と関わりつつ、同時にその深層にある諸問題と取り組むことである。

それゆえ「天皇・靖国問題情報センター」が取り組んできた活動も、単なる各地の運動の報告にとどまらず、各地の運動を踏まえた上で「天皇制国家日本」の問題を明らかにし、そのことによって近代的で一国優先主義的な国家の在り方を超える「新しい国家の枠組」を模索するためであると私は考えている。新しい国家の枠組は、何らかのイデオロギーや宗教に基づいて考察されるものではなく、国家の存在によって各地で生じている問題を踏まえ、近代国家の矛盾を解消するためにどのように取り組むことができるかを議論していく中で明らかにされるだろう。その意味で、「情報センター通信」が果たしている役割は大きいと私は思う。

アルノ・グリューンの『私は戦争のない世界を望む』との出会い

さて私がグリューンの書物に注目するようになったのは、一九九〇年代末にドイツに滞在したときのことであり、その頃はグリューンの心理学は日本でほとんど紹介されていなかった。私たちが滞在していたケルン市の大型書店の新刊書コーナーにグリューンの書物が何冊も積まれていたのをよく覚えている。私は一般の書店に行くと、たいていは哲学、社会科学、歴史学、心理学等のコーナーを見てまわった。ちなみにキリスト教の神学書に関しては、日本語教会のあるケルンや、かつてヒトラー政権とたたかった告白教会の伝統に立つ神学大学のあるヴッパタールに行きつけの専門店があったので、一般書店で神学書を見てまわることはあまりなかった。

私が心理学で関心があったのは、精神分析学においてフロイトの衝動論を批判し、文化的あるいは社会的要因を重視した「フロイト左派」の理論、あるいはマルクス主義を基盤にヘーゲルの弁証法とフロイトの精神分析理論を融合した「批判理論」によって啓蒙主義を批判したと言われる「フランクフルト学派」の理論などだった。私はそれらの視点から多くのことを学ばされてきたが、キリスト教や自分自身の在り方を批判的に捉え、しかも第二次世界大戦以降の状況を踏まえて、そこから現時点における人間の生き方を模索する方向性を学ぶことはできなかった。いつもどこかに、もやもやしたものを感じていた私がむさぼるように読んだのが、グリューンの『私たちのうちにいる見知らぬ者』(原著二〇〇〇年、邦訳されていない)だった。

その後沖縄に戻り、約半年がたった二〇〇一年九月十一日に、ニューヨークで同時多発テロリズムが発生した。グリューンは、いち早くテロリズムに関してドイツで講演をしたり、対話集会を開き、それに基づく書物を公開した。グリューンは、無差別で自滅型のテロリズムを生み出したのは、テロリストたちの「出身国」のせいでも、「個人的な経歴」のせいでもなく、「欧米の近代文化に内在する破壊的な暴力主義」のせいであると見なした。いわば西欧が生み出した文化が、まさに西欧が生み出した「移民」という存在によって、西欧自身を破壊していると主張したのである。このような見解に対して、ヨーロッパのドイツ語圏で賛否両論が起こったことはいうまでもない。だがこのような考え方が、ヨーロッパの良識ある人たちによって、次第に受け入れられていったのも事実であろう。

戦争を起こすのは私たち人間である

このような一連の文書を踏まえながら、グリューンはさらに二〇〇六年に『私は戦争のない世界を望む』を出版した。すでに述べたように、私はその書物を二〇一六年に翻訳した。グリューンはこの書物の中で、「戦争を避けることはできる」と主張し、「それは、私たちが考える以上に簡単なことである」と述べている。これは、何もしないでいれば戦争が無くなるということではない。グリューンは、「私たちが共感を捨てない限り」、また「平和への夢を持ち続ける限り」、戦争は阻止できると述べているのである。

戦争は通常、「政治的、経済的、イデオロギー的な視点から考察される」。しかしグリューンは、「戦争は、人間の問題にほかならない。戦争を引き起こし、他者を殺すのは、常に『人間』である。人を殺害するように仕向けるのも、ある人たちが殺されることを許すのも人間である」と指摘している。グリューンはこのように述べながら、「何が、政治家に何千もの人々を死に追いやらせるのか」、「何が、自分こそ自由で民主的だと思っている一般市民を、政治家に服従させ、残忍な野心家にすぎない政治家を『救済者』、あるいは『強い人間』として崇拝させるのか」を問題にしている。このことこそ、この書物の内容である。この言葉を読んで、私がすぐに思い起こしたのは、沖縄県の糸満市摩文仁《まぶに》にある平和記念資料館の展示場の最後のコーナーに掲げられている「結びのことば」の一節である。そこには、

戦争をおこすのは　たしかに　人間です
しかし　それ以上に
戦争を許さない努力のできるのも
私たち　人間　ではないでしょうか（原文のまま……）

と書かれている。

この「戦争を起こすのは人間である」という捉え方に、私が最初に関心を持ったのは大学生時代だった。それ以後、私はつねに、どうしたら人類は「戦争を起こさない人間」になれるかを考えてきた。だが当時の心理学や精神病理学、社会科学の書物を読んでも、納得できるものはなかった。またキリスト教神学や倫理学の分野でも、説得的なものは何も見いだせなかった。「戦争を企てる政治的リーダー」や、「その政治家を投票によって選び、その政策を消極的にあるいは熱狂的に支持し、場合によっては

政治家をあおる一般の人たち」の精神状態について解明しようとする研究は、まだほとんどなされていなかった。

なぜなら心理学も、またキリスト教神学も、個々の人間が戦争とどのように関わっているのかを問うところから出発するのではなく、まずは「自我」を邪悪な存在と決めつけ、絶対的な「平和」や「正義」がどのようなものかを明らかにし、次に「国家」のあるべき理想像を描き、最後にその見解に従順な人間を育てようとしてきたからである。ちなみに心理学者の書いた戦争論、暴力論は、圧倒的に戦争や暴力を「必要悪」、つまり「悪ではあっても社会にとっては必要なものであり、避けることのできないものだ」として肯定しているものが多い。

また個々の人間の心の問題に対しては、既存の社会に適応できない人たちを、社会に引き戻すことこそ、カウンセラーの役割だと見なしているものが多い。

さらにキリスト教神学者の書いた戦争論、暴力論においては、「人類のすべてがキリスト教化されなければ平和は達成されない」とするものが圧倒的に多い。キリスト者の多くは、自分たちこそが平和的に生きていると考え、世界がキリスト教化されれば、世界平和が実現すると見なし、世界中をキリスト教国にしようという自分たちの歩みを正当化しようとしているだけである。

独裁者は今日においても登場する

ドイツもかつては、自分たちこそはすでに平和であり、自分たちこそが世界を平和にすると考える「自国優先主義」国家だった。ドイツでは、もっとも民主的といわれるワイマール憲法のもとで、民主的な選挙によって、「国家社会主義ドイツ労働者党（ナチ党）」が誕生し、アドルフ・ヒトラーが政権を握り、独裁者による全体主義的な国家が誕生した。そして第二次世界大戦後は、その経緯について、さまざまな研究がなされてきたが、そのほとんどは、過去の出来事の実証的な研究にとどまっていた。

しかしナチズムを再興しようとする動き、またはナチズムに類似性を持つネオ（新）ナチズムを名乗る動きが、たとえ現時点ではまだ少数であるとはいえ顕著になり、排外的で国粋主義的なスローガンをかかげ、外国人や移民などに暴力を行使するようになった時点で、ヒトラーはもはや過去の人物とは言えなくなった。グリューンは、過去のできごとを過去のできごととして問い直すだけでなく、むしろ現在の問題に責任をもって対処していかなければならないと考えた。そして「〈ヒトラー〉は再び登場するか」という問いに次のように述べている。

私はよく、……「ヒトラーのような人物が、今日においても登場すると思いますか」という質問を受ける。その際に私は、「ヒトラーのような人物を生じさせる相互的な動きは、常に存在する」と答える。つまり、毅然とし「男性的な」強さを体現する人物と、その人物に従順な名誉欲の強い人間が、お互いに働きかける「相互的な動き」は常に存在するのである。それが相互的であるのは、「権力者の男性的なふるまい」によって、「名誉欲の強い人間」が、すぐに多くの業績をあげることができるかもしれないと思うようになるからである。権力者は、男性的な外見を演じているだけなのだが、その権力によって救われたいと望む人が、この「相互的な動き」に参加するのである。……

（ヒトラーのような）人の内面の核となるものは、常に「男らしさの神話」だった。その「男らしさ」は、「強いこと、断固としていること、不屈であること、英雄的行為をすること」であり、どれも偏見に捕らわれたものだった。それは、もちろんほんとうの人間の「強さ」ではない。「真の強さ」とは、他者との間に生じる苦しみに向き合い、苦しみと関わることによって成長する内面的な強さである。それに対して、「男らしさの神話」における「強さ」は、決してほんとうの強さではなく、「あたかもそうであるかのようにふるまう」見せかけの強さにすぎない。ヒトラーは、ナチスの階層組織に関わる多くの人々と同様に、ほんとうは弱い人間であるが、強さを完璧に体現して見せた。……

ナチス時代には、自分自身の存在や苦しみと向き合わず、他者の苦しみに共感しない多くの人々の具体的な例をあげることができる。しかし私たちの時代もまた、このようなタイプの人間に溢れている。私たちはそのことに、なかなか気づかないかもしれない。しかしハードロックをガンガン響かせ、戦闘用ブーツを履いて通りを闊歩する新右翼ばかりでなく、政治や経済の分野で評価され、マスコミに登場する「若きエリート」の代表的な人々の中にも、自分自身や他者への感情を失った人間に、私たちは出会う。彼らは、ヒトラー親衛隊であった若い人たちと多くの共通性がある。横柄で、ご都合主義で、しかものらりくらりとした態度で、上に立つという目標だけを追求する。そのためなら、手段を選ばない。そして競争に取り残された人々を「敗者」と見なし、彼らに対して軽蔑しか抱かない。

（グリューン『私は戦争のない世界を望む』二二一－二二五ページ）

テロリズムについてのグリューンの考え

さて、グリューンのテロリズムや暴力についての考えを紹介する。

九・一一以降のテロリズムについて、一般的に次のような説明がなされている。

（1）無差別テロリズムである。

（2）自爆テロリズムである。

（3）破壊することじたいが動機である。

つまり新しい体制や制度を作るために、古い体制を破壊しようという何らかの積極的な動機があったのではなく、むしろ西欧文化が築きあげてきた普遍的な価値を否定することじたいが政治的目的であると考えられる。つまり①個人の尊厳、人権、自由の否定、②民主主義の否定、③国際協調による平和の維持の否定こそが、テロリストたちの信条である。テロリストたちがこの考え方を貫けば、相手を皆殺しにするか、自分が自滅するかのどちらかでしかなくなる。

グリューンは、このようなテロリストたちの心の深層を明らかにして、次のように説明している。「親の言いなりになり、自己を否定した自分」が、①自己を否定させた親や大人たちを憎み、②親の言いなりになった自分を憎み、③自暴自棄におちいることがあるが、それと同じように、「欧米の教育を受け、自己を否定した自分」が、①自己を否定した欧米の文化や、そこに生きる人たちを憎み、②欧米化した自分を憎むことによって、③自爆テロが起こる。つまり欧米の文化や教育にあこがれ、欧米で生きるために自己を否定し、欧米社会の中で成功した移民たちが、そのような自分を見て自己嫌悪におちいり、自己嫌悪を生じさせた欧米の文化や教育に嫌悪感を持ち自爆テロが起こる。

九・一一以降の自爆テロは、一般のテロとは異なり、西洋文化に対する否定であるとともに、西洋文化を受け入れて生きてきた自分に対する否定でもある。だから欧米に生き、欧米の価値観を受け入れ、高等教育を受け、将来を約束された移民こそが自爆テロを引き起こすのである。

暴力とは？

グリューンのテロリズムについての考察の背景には、暴力についての文化人類学的な理解がある。一般に、動物は暴力的だが、動物から進化した人間（ホモサピエンス）は理性的だと見なされている。しかしこれは大きな誤解で、動物は生き延びるために食料になる植物や動物を採取するが、その行動は生存本能に縛られており、その日に必要な食料を確保するために他の生き物を採取するにすぎない。天変地異や異常気象によって生態系が崩れることもあるが、生態系は常に安定の方向に向かう。強い生き物が弱い生き物を補食することがあるにしても、弱い生き物をすべて食べ尽くすことはあり得ない。なぜならすべてを食べ尽くしてしまえば、みずからが生きることができなくなるからである。また自然界は、強い生き物と弱い生き物が、同じ環境を「棲み分ける」ことによって、共存するという方法を編み出した。いずれにせよ、動物は自分の身を守り、生き延びるために必要な限りにおいて身体的・精神的な能力を行使するにすぎなかった。ところが人間は、必要もないのに食料を独り占めし、自然を破壊し続けている。必要もないのに着飾っている（マタイ福音書六・二五以下）。人間の欲望はとどまるところを知らず、自分一人では使い切れないほどの土地や財産を手に入れ、民衆を支配し、権力をふるっている（マルコ福音書一〇・四二以下）。人間のほうが他の生き物より、よほど残酷ではないだろうか。

グリューンは暴力について多くのことを指摘しているが、ここでは特徴的と思われるいくつかの点のみをとりあげる。

戦争や競争に勝ちたいという欲求が、個性（個々の人間の可能性）を否定する

グリューンは、人間の「戦争」に勝ちたいという衝動は、他の生物の「生き延びたい」という生存本能とは異なり、あらゆる分野における「競争」に勝ちたいという人間の欲求であると説明している。そして戦争や競争に勝ちたいという欲求は、私たちの生きる文化の中に内在している。つまり私たちの文化が暴力を肯定しているからこそ、私たちも暴力を行使することになる。したがって私たちは、成長段階で、私たちの文化が潜在的に内包している暴力をさまざまな仕方で顕在化させることになる。

グリューンは、成長過程における「親」の役割を重要視しているが、子どもの背負う問題点を何もかも親のせいにしてしまう心理学者とは異なる。私たちがそれぞれの「親」からさまざまな影響を受けることが問題なのではない。私たちが成長過程で、「親」や「大人」をとおして、親や大人が受け入れている「暴力的な文化の価値観」を引き受けてしまうことが問題なのである。その場合に、乳幼児にとっては具体的に自分の前に立ちはだかり、文化の価値観を体現する存在こそが「親」なのである。親や大人は子どものためを思い、いくら愛情深く教育しようと考えても、親自身が暴力的な価値観に基づいて生きている限り、暴力的な価値観を子どもに植えつけてしまうのである。

ところで、この暴力は他者に向かうだけではない。暴力を行使する者は、「暴力的な文化」を自己のうちに受け入れているが、その文化によってみずからに死をもたらすようになる。つまり私たち人間は、社会の中に潜む政治的・経済的な競争原理に従い、自分が勝利者にならなければ成功は得られないと考え、一人でも多くの人たちから好まれる「愛される自分」になろうとするが、そのような自分になれないと判断する人間は、自分自身を否定するようになる。このことをグリューンは、臨床体験に基づいて説明している。そして「本来の自分」は、自分に与えられているさまざまな可能性を生かし、共感に基づいて他者とともに生きることによってのみ実現すると指摘している。

自己を否定することによって生じる苦痛

さて、競争原理に従って自分の承認を求める私たちは、すでに暴力を内包している存在であり、共感してともに生きることを拒否している。つまり自分を競争社会の価値観に適合させることにより、「自分の中にある自分の個性」を否定し続けることになる。その際、その人は、自己の「個性」を否定することによって苦痛を感じる。グリューンは、みずから否定した自分の個性を、「私の中の見知らぬ者」と呼んだ。「私の中の見知らぬ者」とは、「自己によって否定されることになった自己の一部」のことであり、そのような仕方で「あってはならない見知らぬ者」を自分自身の中に内在させていることを明らかにした。私たちは幼少期に、両親や大人たちの文化によって「私の中の見知らぬ者」が否定されることに、死ぬほどの苦しみを味わう。しかしながら私たちは、死ぬほどの苦しみを味わい続けながら生きることはできない。そこで、「私の中の見知らぬ者」を覆い隠し、否定するばかりでなく、そのことによって生じる「苦痛」をも否定し、自分の記憶の中から抹殺するのである。そして自分自身の中に「死ぬほどの苦しみ」があるのに、それを認めず、そもそも存在しなかったかのようにふるまう人は、自分の味わった苦しみだけでなく、他者の苦しみも感じることができなくなる。

苦痛の連鎖

私たちは、苦痛に耐えなければならない場合もある。だが苦痛に耐える必要がない場合も、耐えるべきではない場合もある。私たちは、それらの苦痛に向き合い、苦痛をもたらす原因をさぐり、その原因を取り除かなければならない。それなのに苦痛に耐えることを肯定する人間は、苦痛に耐えることじたいに意義があるとみなす私たちの文化の中で、他者が苦痛を味わうことを当然だと考える。つまり自分が受け入れている苦痛を、他者も受け入れるべきだと考える。また他者が競争に負けて苦痛を感じても、それを当然のことだと考える。そのように考える人は、他者が苦しみに耐えているのを見ても、その苦しみに共感することができない。なぜなら自分自身が死ぬほどの苦しみに耐えているからである。自分が苦しみに耐えているのだから、他者も苦しんで当然だと考えるところから、「苦痛の連鎖」が始まり、苦しみをもたらす原因を取り除くことができなくなる。

暴力の克服

もし私たちが、「自分は自分の力によって成功したい」と願い、「自分がよく思われたい」と考え、そのために強い人間になろうとするなら、暴力を克服することはできない。つまり自己を否定する暴力に耐えるのではなく、自分に苦痛をもたらす暴力を感じ取り、他者の苦痛に共感することによって暴力にたち向かうことなしには、暴力から解放されない。暴力から解放されるためには、「基本的な信頼関係（＝愛）」を回復させ、それぞれに与えられている可能性（個性）を生かし合うことを学ばなければならない。自分を否定するのではなく自分が自分であり続けながら歩み、他者の言いなりになるのではなく他者を受け入れて、ともに生きる信頼関係を築くことが私たちを暴力から解放させるのである。

他人に敵意や憎悪を持たずに生きるために

私たちの近代的な国家において、親、教師、大人、指導者、政治家……などのあらゆる権力者たちは、誰もがこの世界で生き残ろうと願い、私たちの文化の根底にある価値観にみずからを合わせ、それをすべての人たちに押しつけようとする。そして彼らの言いなりにならない人に対して、この世の「落伍者」ないし「失格者」と見なす。誰もが競争社会の中でトップに立てるわけではない。しかしトップに立てないと思われる人たちにも、同じ国家の価値観を押しつける。彼らは、そのことが国民にとって良いことだと思い込み、疑うことすらしない。しかしその結果、私たちは個性のない、画一的な人間（ロボットのような人間）になってしまう。特に独裁者によって戦争が企てられるときには、私たちは同じ価値観に生きるように要請され、私たちが「意志をもたずに、国のために献身し、国家の価値観を体現する上官の命令に従順になるように」強要されることになる。

このように私たちは、この世の文化的な価値観の中で生きようとし、自分を抑圧しようとする親や教師や権力者の言いなりになる。そして「自分のうちの独自性（＝個性）」を発揮することを悪いことだと考え、みずから「自分の独自性」を抑圧（＝排除）しようとする。

したがって「暴力」を無くすためには、自分のうちに植え込まれている「自分自身に対する敵意や憎悪」に気づく必要がある。その際、他者との対話を通して自分を客観的に見ることが必要となる。お互いに自己を否定しそのための苦痛を覆い隠している私たちは、対話によって、お互いを相対化し、国家その他の価値観に縛られていないかを検証しない限り、社会の束縛から自由になり、それぞれの独自性を発揮することはできない。

自分とは異なる相手と対話することにより、自分がいかに束縛されているかを知り、自分の愚かさや自分の存在の中に秘められている暴力性を明らかにするために、自己分析をすることが大切だが、「自己分析をすること」と「劣等感を持つこと」とは、まったく異なる。私たちは、何を基準に「優越感」を抱いたり、「劣等感」を抱いたりするのだろうか。大切なことは、劣等感を克服するということではなく、自分に劣等感を持たせた価値基準を明らかにすることである。そうしないと、私たち自身が劣等感を克服できても、その価値基準が残っている限り、他者にそのような「劣等意識」を押しつけることになるだけだからである。

その上で、お互いの「独自性（＝個性）」を見いだし、それを生かす必要がある。人と比べて、自分が「上」に立つか「下」に立つかを検討し、「上」に立つことで自分が満足するというのであれば、劣等感を克服したことにはならない。ある人を「上」か「下」かと区別する価値基準から解放されてこそ、私たちは自分や相手を率直に見いだすことができる。したがってそのようにして見いだされた「自己」は、優越感に浸る必要もないし、劣等感にさいなまれる必要もない。それぞれに人間として与えられている個性を発見することにつながるからである。そのときに、ともに生きる「人格者」としての関係が成立する。そのようにして見いだされた「個性をもった独自の人間」が「共感」し合うときに、私たちはともに生きる関係を築くことができる。そこにはもはや「暴力」が入り込む余地はない。

誤った教育論や人間論が人間性をゆがめている

グリューンの書物の中には、独裁者を支える人間をつくりだしたナチス時代の教育論や、独裁者に従順となった人たちの心理分析に関する事例が記されている。そのうちの一つをここで紹介する。

自分の支配欲を永続化しようとするナチス独裁国家の試みは、私たちの時代にまで影響を及ぼし、過去の歴史的なできごととして否定されてはいない。国家社会主義者であった女医のヨハンナ・ハーラーは、……「子どもの独自性は異質なものとして排除されるべきだ」というイデオロギーに基づく教育論を展開している。ハーラーによれば、乳児と幼児は、節度なくふるまう傾向がある。乳幼児は飽くことを知らず、甘やかされ、注目され、大人にとってまさに厄介なものであり続けている。「赤ん坊は、体質上、ひまつぶしのために、あるいは無理やり何かを手に入れるために、怒りつつ、長い間、泣き叫ぶ。乳幼児は、適応しようともしない。偉大な人たちが望むようには望まない。乳幼児は、偉大な人たちを試したり、反抗したり、横柄な態度をとったりする。乳幼児は、生まれつき汚く、不潔で、自分に与えられるあらゆるもので、あたりをよごしてしまう」。両親が、子ども特有の性質と頻繁に見なすものは、不潔さ、不純さ、欲望、落ち着きのなさ、破壊願望である。子どもは（これはフロイトの見解でもあるのだが）、欲望が満たされることなく、常に快楽の原理に従っている。まさにこれと同じ性質を、私たちは「憎むべき異質者」に対して持ち続けているのではないだろうか。たとえば、ユダヤ人、シンティ・ロマの人たち、中国人、カトリック教徒、クロアチア人、セルビア人、共産主義者等に対して、同じ性質を押しつけているのではないかと、みずからに問わなければならない。

（『従順という心の病い』三五ページ以下）

私たちは、「子ども」をしつけ、「異質者」を差別しているのではないだろうか。そして私たち自身、私たちの誰もが持つ「子どもらしさ」や、社会や国家の価値観とは異なる「自分らしさ」を否定し、存在しないものと見なしているのではないだろうか。それゆえに「子ども」をしつけるように、私たちは自国の思いどおりに行動しない国家に戦争を仕掛け、ダメージを与えようとするのである。

グリューンは、その場合に、「無意識的な従順は、……微妙で容赦のない仕方で私たち一人ひとりの意識を低下させる。つまり従順は、私たちすべての人間を画一化する」と述べ、一八世紀に活動した英国の詩人エドワード・ヤングの言葉を引用して「私たちは、オリジナルとして誕生するのに、コピーとして生涯を終わることになる」と指摘している（同上、八八ページ）。私たちはそれぞれ、精神と身体をもった一人の個性的な人間として生まれてくるのであって、それぞれに異なった存在であり、地球上に、誰一人として自分と同じような人間はいないのに、私たちは、社会に内在する一つの文化的な価値観に縛られ、その中で力をふるう権力者の言いなりになり、個性を失っている。たった一度きりの人生を、私たちはもっと個性的、独創的に生きるべきではないのかと、グリューンは私たちに問いかけている。

日本のキリスト教の問題

日本のキリスト教においては、一方で神に「従順」になるように教え、他方で教会（伝統、制度、信仰理解）に「従順」になることを要求し、しかも、家庭、地域社会、国家に「従順」になることを勧めてきた。「神に従順になる」ことは、キリスト教も宗教である以上、当然のことだと考える人が多いかもしれないが、「従順になる」ということは、無批判に受け入れるということである。しかし聖書はそれを人間に強制しているのではなく、一人ひとりが考え、それぞれの判断において自由に認めるようにと呼びかけているにすぎない。それなのに教会においては、伝統的な理解に基づいて、それぞれの教派あるいは教会の正統的な理解を押しつける。そしてその理解に従わない人たちに対しては、「異端」であると見なしたり、「信仰理解が未熟である」と評価したりするようになる。しかも近代的な国家と並ぶ組織として成立してきたプロテスタント教会は、自国優先主義の枠組みを脱することができず、「教会に従順になること」を「その教会が置かれている国家に従順になること」と見なすようになった。

特に日本のプロテスタント教会が、一方において「教会に従順になること」を要求し、もう一方において「国家に従順になること」を要求したのは、日本の精神風土において、「従順であること」が美徳であると考えられ、それを教会も受け入れてきたからである。

一つの例として「教育勅語」を取り上げてみることができる。「教育勅語」とは、一八九〇年十月に発布された「忠君愛国主義と儒教的道徳が学校教育の基本である」という内容の明治天皇の言葉のことである。教育勅語は第二次世界大戦後の一九四八年に廃止されたが、それを復活させようとする動きが最近になって目立つようになってきた。その問題点のいくつかを指摘する。

教育勅語においては、「忠」(忠実であること)、「孝」(仕えること)において、「心を一つにする」ことが要求されていた。これらの言葉によって、天皇の臣民(天皇の臣と民)としての本分を十分に尽くすことが要求されている。つまりすべての「臣民」は君主と心を一つにし、しかも臣民(国民)どうしも心を一つにするべきだという天皇制イデオロギーが表明されている。

国民が心を一つにするといっても、「上」「下」の差別を無くそうとしているのでは決してない。「兄」と「弟」の関係は、あくまで上下関係のままであり、さまざまな差別性を残したまま、心を一つにし、「博愛」の精神に基づいて生きるべきだと要求している。そのためには社会の秩序を乱すことなく、あくまで父権的な権威主義を維持したまま、お互いに「和をもって信じ合わなければならない」と言われている。

儒教的な徳目がいくつも並べられているが、それはまさに天皇制にとって都合のよいものばかりである。そのことがはっきり分かるのは、戦争や国家の非常事態について、「一旦緩急アレハ義勇公ニ奉シ以テ天壌無窮ノ皇運ヲ扶翼スヘシ」と記されている部分である。これは「国に緊急事態が生じる場合には、勇気をもって国に仕え、天地とともに永遠に続く皇室のために協力すべきである」という内容である。

このような天皇制を支える日本文化の価値観の中にあって日本のキリスト教は、「教会」にも「国家」にも従順であることを要求してきたのではないか。教会のあり方そのものを自己検証しなければ、日本の教会に明日はない。自己検証が必要なのは、キリスト教の神学の周辺部に対してではなく、中心部に対してである。また教会共同体のさまざまな活動の一つの部分に対してではなく、共同体形成の根幹に関わる部分に対してである。

キリスト教の教えの中心ともいえる「罪の赦し」や、「神の愛（アガペー）」について、私たちはこのような日本の精神風土との関連で、どれほど議論をしているだろうか。「罪の赦し」は、神道における「禊《みそぎ》（身を洗い清めること）」や「お祓《はら》い（災いや罪を遠ざけること）」とどう違うのか。「神の愛」については、もしアガペーを国語辞典で引けば、「神が罪人である人間に一方的に赦しと恵みを与える行為」、「キリストの純粋で汚れのない自己犠牲的な愛」などと説明されているが、キリスト教のアガペーと、天皇制国家における天皇のために自己犠牲的になることとどう違うのか。日本には「滅私奉公」という言葉があるが、「滅私奉公（私欲を捨てて、公のために奉仕すること）」と、イエスの教えである「自分を捨てること」をどのように区別するのかを明らかにしないと、私たちは「日本教キリスト派」におちいってしまうだろう。ちなみにイエスは「自分を捨てるように」と要求しているのではなく、「競争に勝ちたいと考える欲望から解放されるように」と私たちを招いているのである。

まとめ

現在の日本は、ヒトラー時代のドイツのように「ナショナリズムに基づく国民国家」の一面を持ちつつ、米国のように「大国主義的野心を持つ帝国国家」の一面を兼ね備えた国家でもあり、みずからの欲望を実現させようと願う国民の支持によって成立する虚構の「大衆迎合国家」と言える。その国家は、「個」を否定的にとらえ、「すべての国民を自国に取り込もうとする、理念も個性も実態もない象徴としての、ブラックホールのような天皇」をみずからの中心に据えていると私は思う。その天皇制国家の中に、教会という組織も、個々のキリスト者も、埋没しかけているのではないか。その天皇制国家の中で、私たちはどう歩むべきなのだろうか。国家に向き合うだけでなく、キリスト教自身の中にある「教会優先主義」や「教派優先主義」と向き合い、新しい方向性を見いださなければならない。

これまで述べてきたことをもとに、どのように新しい方向性を見いだすことができるかを要約する。

①自分が、複雑に絡み合った多様な世界の中に生きる者であることを認識すること。自分がキリスト教の教会に属しているにしても、日本という国家の中で生きていること、しかしアジアの一員として生きていること、一つの地球という環境の中で生きていることを重層的にとらえ、この世のさまざまな問題を他人事とはせず、自分はどう生きるのかを考えること。自分自身を分析し、自分が国家の価値観を無批判に受け入れていないかを探ること。私たちは、自分自身が天皇制国家の中に、すでに埋没していることを認めるところから出発する以外にない。

②自分の可能性を見いだし、自分の果たすべき課題が何であるかを問い、その課題を実践すること。

③だからといって、自分を正当化したり、絶対化したりしないで、謙虚に歩むこと。

④他者と対等に向き合うこと、お互いに相手を知り、批判し合える信頼に満ちた関係を築き、相互批判的な対話を続けること。

⑤だからといって他者の言葉を鵜呑みにしないこと。他者に依存しないこと。「他者に好まれ愛される者となろう」と相手から認知されることを求めるのではなく、他者とともに「対等で愛に満ちた真実な関係」を追求しながら、お互いに相手を縛らずに自由に生き、それぞれの責任を引き受けること。その際に、「自分はこれだけのことをした」と自己満足するのではなく、しかし「自分には何もできない」と自己卑下するのでもなく、実際に自分の前に立ちはだかる個々の具体的な問題と取り組みながら、一人ひとりが声をあげることが大切である。

グリューンの書物は、そのように歩もうとする私たちに、大きな示唆を与えてくれる。

質疑応答（名古屋での講演後に行われた質疑応答を要約し、一部加筆したもの）

質問　学校教育の中での「従順」について具体例をあげてください

村椿　先生の指導とか学校の体質とかによって、子どもが従順になることもありますが、それは先生の問題とか学校の問題ではなく、社会全体が、また大人たちが子どもに従順になるように求めているということが問題です。それだけでなく子どもたちも、学校で、自分から従順になろうとしているということも問題です。そういった背景となる問題を考えないで、表面的な問題をとらえようとすると、問題の本質を見誤ってしまうことになります。

沖縄の教育現場ではここ何年か、全国学力テスト（文科省による「全国学力・学習状況調査」）の結果が問題になっていて、現時点において沖縄県は最下位ではなくなったのですけれども、教育関係者も沖縄の世論も保護者も、子どもたち自身まで「このままではよくない」という意識が広がりつつあります。私は、沖縄の子どもたちは、それぞれに与えられたものを、沖縄という地域で、じゅうぶんに生かしていけば、それがいいことであると思っています。もし本当に勉強したいという子どもがいるなら、その思いが適えられるような状況を作ることも大切だと思っています。でもこの試験の結果を見て、学校の教師や保護者が、あるいは一般の市民が「これでは困る」という意識を持つようになっているることが問題だと思います。また大人たちが「このままでは沖縄の子どもたちが将来、不利になる」と思い込み、それが子どもたちにまで影響を与えており、このことがとても残念です。

かつて沖縄県の学校での「日の丸掲揚率」、「君が代斉唱率」が全国最下位であった時期がありました。当時の文部省も日本政府も、決して直接的に強要するというかたちは取りませんでしたが、みずから従順になるように仕向けられていくというかたちで、日の丸や君が代が強要されることになりました。国家権力者たちは、国民は従順で、いずれ自分たちの思いどおりになると考えていて、国民の側も、社会や国家に従順にならなければこの国で生きていけないと考えており、そういう環境の中に学校もまた置かれています。

そういう中で、子どもたちは、家庭では「親から嫌われないようにしよう、親の期待にそって生きよう」と、学校では「問題を起こさないように、先生からも同級生からも好まれる人間になろう」と、そして卒業後は「社会に適合できる大人になろう、社会の役に立つ人間になろう」と必死に努力を続けています。でもグリューンが指摘しているように、そういう状況の中で決して「問題」を起こさない子どもたちこそが、ほんとうは深刻な「問題」を抱えているのです。そしてそういう子どもたちの問題を考えようとしても、もし大人自身が社会に従順になっているとするなら、子どもの問題を扱うことはそもそも不可能なのです。したがって大人自身が、自分が社会の中で従順となっていることを問題にしつつ、ともに従順ではない生き方を探るしかありません。

意見　今日のレジュメに、「独裁者によって戦争が企てられるときは、『意思を持たずに、国のために献身し、上官の命令に服従する兵士』になることが求められる」と書かれていますが、日本の場合にこれを当てはめてどうなるかというと、当時の独裁者は東条英機で、「東条英機によって戦争が企てられた時は、『意思を持たずに、国のため、天皇や権威者のために献身し、上官の命令に服従する兵士』になることが求められた」と思うのです。つまり「(上官の命令を)朕の命令と心得る」ことが兵士に求められたのではないかと思うのです。日本の場合は、戦争を実質的に東条のような権力者が始めたかも知れないけれども、天皇の大命という大義名分を名目上得て初めて、「天皇の命令だから」ということで戦争が始まったのではないでしょうか。つまり天皇は権威者であって権力者ではないということと、東条の「権力」と天皇の「権威」が重なることによって、日本は戦争を起こしたのではないかということです。

村椿　確かに当時の日本の歴史的状況の中で、東条の「権力」と天皇の「権威」が重なることによって、日本が戦争を起こしたと言うことはできるかもしれません。「下」に立つ代わりに東条が戦争を始めようとしても天皇が反対すれば、戦争は起きなかったかもしれません。だけど天皇が戦争を始めようとすれば、当時の大日本帝国憲法下では、誰も反対できなかったと思います。したがって当時の日本において、東条の権力と、天皇の権威が結びついたと解釈することは可能かもしれませんが、この二つがそろわなければ戦争は起こらないとは言えないと思います。

今後の日本においても、天皇と政府が結びつけば、戦争を遂行するための大きな力になることは間違いないと思いますが、天皇が反対しても、戦争は遂行されるのではないかと思います。逆に、天皇がいくら戦争を開始するといっても、日本国憲法下では、天皇の権威だけで自衛隊を動かすことはできないでしょう。いずれにせよ国家間で全面的な戦争が起こる場合に、国家のあらゆる勢力を総動員させる必要に迫られことになり、天皇が何らかのかたちで利用されることになるのは間違いないでしょう。

ナチスドイツの場合は、日本とは異なっています。ヒトラーが登場したのはワイマール共和国の時代で、民主的な憲法が存在していました。ヒトラーは、政権を握る段階では、少なくとも見かけ上は合法的に活動し、民衆の圧倒的な支持を集めました。ナチス党は、つねに少数政党であり続けましたが、少数政党が林立する中で、連立政権を組むことによって勢力を拡大しました。どの政党と政党が連立を組むかという交渉は、国民の知らない裏の世界で為されました。国民の一定の支持を背景に当時のドイツの置かれていた状況を見極めながら、見かけ上は合法的にふるまい、いったん勢力を握れば、独裁者として自分のやりたいことをするという仕方で、戦争への道を歩みました。「権威」という点では、当時のヨーロッパでは、教会の「権威」をあげることができるかもしれません。教会が戦争に賛成するならば、国家のあらゆる権力、権威を総動員するということも可能だったかもしれません。しかし教会は、個々の点でヒトラーに屈することがあったとしても、決してヒトラーの言いなりにはなりませんでした。ヒトラーは、ある時、側近に、「日本人には、たった一つ、わがドイツ民族が見ならうべき美点がある。それは、皇帝と国家に一身を捧げる精神だ。それがあるからこそ日本人は、民主主義にも共産主義にも毒されないのである……」と語ったそうです。その意味で、天皇制、あるいは国家神道による権威というものは、ヒトラーが手に入れたくて入れることのできないものだったと言えるでしょう。でもドイツではヒトラーの独裁制により全体主義体制が作られ、戦争が開始され、ユダヤ人大虐殺まで引き起こされたのであり、日本の天皇のような「権威」が存在したとしても存在しなかったとしても、大きな影響はなかったと私は思います。

質問　今、トランプ大統領が訪日していますが、トランプはアメリカの権力者です。おそらく皇居へ行って、天皇に最敬礼の礼をとると思います。日本人はそれを見て、トランプに対する批判とか安倍政権に対する反発がおそらく吹っ飛んでしまうと思います。それくらいアメリカは知っている。天皇にへいこらしておけば日本人から受け入れられるということを分かっていると思います。天皇の権威は、日本人にとって権力者の正当化になくてはならない存在になっているのではないでしょうか。

村椿 私は、天皇制さえなくせば、すべてよくなるというようには考えていません。権力者は自己を正当化するために、たとえば国民からの圧倒的な支持があることを理由にあげることもできます。米国のトランプ大統領は、選挙に勝ったことを理由にあげて、やりたい放題のことをしています。日本の安倍政権も同じで、いくら批判をあびても、次の選挙で過半数ないし安定多数の票をとれば、自分が国民から信託されたと主張し、不祥事があってもそれを明らかにすることを拒否すると思います。

いずれにせよ天皇制をどうするかということはとても大事な問題です。天皇制を今すぐ廃止することができれば、それが最善の道だと思います。しかしそれがすぐにできなくても、国民の中にも天皇制に反対している人たちがいるのだということを、はっきり示す必要があります。また天皇制を政治利用させないように、政治の在り方を監視し続け、おかしい動きに対してはおかしいと言い続ける必要があると思います。

意見 わかりました。いずれにせよ、私は、天皇制を廃止したいと思います。

質問 暴力の問題について意見を述べさせていただきます。最近、ある著名なミュージシャンが舞台の上で、仲間の若者を殴ったというできごとがあり、これは体罰か暴力なのかという議論が起きました。その際に、時には子どものしつけが必要であるという意見が多数だったと思うのですが、その頃、同じように、生徒が教室で先生を蹴ったか殴ったりすることが問題になって、その生徒は逮捕されることになりました。なぜ大人は子どもに思いっきりビンタしてもそれはしつけになるのに、子どもはちょっと蹴ったくらいで処分されることになるのか、大人の社会というのはおかしいと思うのですが、学校というのはそもそも一つの暴力装置なのかなと思います。それでも学校に行かせざるをえない現実がわれわれの中にあって、子どもをどういうふうにしてしあわせな子どもとして送らせてあげられるのかというのがいつも悩みの種です。それについてヒントがあればお願いします。

また日本人には、音楽などの解説をすごく重んじる体質があります。今聞いた音楽はこういうふうに聴くべきだというようなことがあまりにも多くて、自由に聴くということができない状況にあるというのが非常に残念だと思います。

村椿　子どもをしつけるためには暴力が必要だとか、そもそもしつけることが必要だという考えは、グリューンも指摘しているように明らかに権威主義的なイデオロギーです。戦争が可能な軍事大国をつくり、そのために経済大国をつくろうとする動きは、国民を、子どもの頃から一定の方向に向かわせる暴力が必要となり、子どもを社会に適合できる人間になるようにしつけることが求められることになります。権力者は、国民を戦争にかり出すために、子どもの頃から従順な人間に改造しようとしていると言っても、決して言いすぎではないでしょう。自国優先主義に捕らわれている権力者は、政治家ばかりではありません。

私たちが個性を発揮し、それぞれ独立した歩みをするためには、強制ではなく、それぞれが自発的に他者と出会い、他者の苦しみや悲しみと自由に向き合うことが大切です。助けを求めている人にそれぞれが自由に向き合い、もし自分がその人を助けることができ、またそうすべきだと思うなら、助けの手を差し伸べることです。そしてお互いに助け合うことができるように、つまり自分が困っている場合には、相手から助けてもらえる関係を築けるように努力することが大切ではないでしょうか。その場合に、「ともに苦しみや悲しみを負う」ということは喜びの源泉となるでしょう。しかし、誰かに強制されて、あるいは何らかの義務感からそうするなら、それは私たちに苦しみをもたらすだけでしょう。

それなのに日本においては指導的な立場にいる人たちが、「自由ばかりを強調すべきではない」とか、「自由は、自分勝手なふるまいをもたらすだけだ」とか、「自由はわがままな人間を生み出す」といって、自由に生きることを否定します。確かに社会のルールを守ることも必要かもしれませんが、それだけでは一人ひとりの人間が国家に縛られ、個性を発揮することができなくなります。「自由」をできる限り確保することが、今後、希望に満ちた世界を実現できる鍵だと思います。

社会や学校から暴力をなくすためにどうしたらよいかということですが、ハウツーのような解決法があるわけではありません。むしろ安易な解決法を求めてしまうことが、私たちを一定の方向に向かわせる素地となることをつねに警戒すべきです。「こうすればうまくいく」というような解決法には、耳を向けないことが大切です。

子どもたちの抱える問題のすべてに向き合おうとしたら、膨大な時間が必要になるかもしれません。またそういう子どもたちに関わる大人（教師を含めて）が、ほんとうにこの世の価値観から自由になっているかどうかがそもそも大きな問題です。

私は、従順であることを要求される社会の中で育った私たちが、そんなに簡単に、子どもと自由に関わることはできないと考えています。むしろ子どもに関わりながら、子どものしあわせを願いつつ、自分自身はどうなのか、自分自身が子どもを囲いの中に閉じ込めようとしているのではないかと問いながら、いっしょに変わっていくしかないと思います。

親子関係については、グリューンが著書の中で具体的なケースを踏まえながら取り上げています。また私も沖縄で、子どもたちの抱えている問題、親子関係の問題などに関心を持っています。私の妻（両親ともに戦前からのキリスト者であり、父は現地召集され沖縄戦に参加し戦後、牧師となり、母はひめゆり学徒隊の生き残りで、ともに戦後の沖縄の教会を支えてきた）は、数名の仲間といっしょに「夢見る仲間たち音楽教室」の活動を通して、子どもの抱える問題、親子関係の問題、教育の問題に取り組んでいます。

音楽教育というものは、沖縄も含めて現代の日本においては、典型的な上意下達式の教育の場になっています。つまり子どもは、教師や指導者の言うとおりに演奏するように求められます。しかしそうならないように子どもの感じている音楽的な表現を生かそうとし、子どもたちに自由に演奏させようとしても、子どもたちはすでに親や学校の影響やさまざまな束縛を受けて育っているので、自由に演奏することができません。音楽教室に来たばかりの子どもたちに演奏してもらうと、ほとんどの子どもたちは受け身であったり、真似事であったりします。子どもはすでに心が抑圧されていて、「自分らしさ」を発信できなかったり、逆に自己主張しようとしてガンガンと大きな音や声を出すだけで終わることもあります。

妻の音楽教室には何人かのスタッフがいて、「自分たちはこの世の価値観に縛られていないか」、「子どもたちの前で立派な『教師』を演じようとしているのではないか」、「生身の人間として子どもたちと向き合っているか」、「自分たちは子どもに悪影響を与えているのではないか」とお互いに検証し合います。あるいは「ホンネとタテマエを使い分けていないか」、「嘘や偽りを語っていないか」、「子どもの上に立っていないか」、「子どもを抑圧する言動をしていないか」等とお互いに話し合い、検証し合い、それぞれが自己分析しながら、子どもたちが自由に自己表現できる環境が作られているかを常に問題にします。自己表現を妨げるものは、学校や家庭、テレビなどのマスコミや地域での人々の行動様式など、さまざまなものがあります。さまざまな枠組みの中で子どもたちの心が閉ざされていることを明らかにし、スタッフの側も一人で関わるのではなく、できる限り複数で関わり、独断で子どもをとらえることを避け、子どもたちの閉ざされた心を解放したり、伸びてこなかった感覚の芽が出るように、そして成長していくように働きかけ、子どもたちが自由に自己表現できるように後押しします。子どもたちが自由に自己表現するために必要な技術はその都度、教えます。

私は教会学校が、知識を詰め込ませる場でも、しつけの場でもなく、聖書をとおして一人ひとりがこの世の束縛から自分を解放し、自分をとり戻し、自由に生きお互いに共感し合うことに貢献できる場となることが大切だと思います。でもそのためには、教師たちみずからがこの世の価値観から自由になり、子どもとどう向き合うのか、子どもの抱える問題にどのように対応するのか等を学び合う必要があります。一人ひとりの子どもと向き合うためには、日曜日の午前中だけではなく、土曜日とか、ウイークデーとかも利用すべきだと考えています。さいわい日曜日以外には教会堂は使われていないことが多く、活動する場所に困ることはないと思います。

全国的に教会学校に来る子どもたちが少なくなっているそうですが、子どもたちが来たらまずは聖書の話をしようと考えるのではなく、むしろ一人ひとりに時間をかけて向き合うことが必要だと思います。そうすることで、学校にすべてを任せるのではなく、子どもたちが学校や家庭で見聞きしたことを、自由に語り合い、抑圧されている心を解決する糸口を探ることが可能だと思います。教会学校に子どもたちを集めて、キリスト教の教育をしようと考えるのではなく、子どもたちの抱える具体的な問題をとおして、人間とは何か、私たちはどう生きるのか……をともに考え、子どもも大人もともに成長する場とすることが大切です。

教会学校だけでなく、それぞれの教会の中にさまざまな交流の場を作っていくことも大切です。子どもから高齢者まで縦割りのグループを作り、対話をしたり、共同作業をするということはほとんどなされていないと思います。ともに生き、ともに愛し合うために、年代別のグループや、性別のグループ活動はやめて、新しいことに取り組んでいくことができればと思います。そしてその中で、子どもたちのグループも生かされるのではないかと思います。

質問　「教会はすでに天皇制国家日本の中に埋没している」とレジュメにありますが、具体的にどういうことなのか展開していただきたいのですが……。

村椿　①まずは教会という共同体の中の人間関係が非常に日本的になっていると思います。牧師が「天皇」のようにふるまっていたり、信徒が牧師に、あるいは信徒どうしがそれぞれ異なる意見を言えないという雰囲気が実際にあります。教会の中で対話しようとしても、たいていは何が正しいのか、誰が正しいのかということが問題になり、常に正しいことや模範的なことを語ろうとするあまり、話し合う内容がはじめから決まっていることもあるぐらいです。教会の宣教や活動の中に真理があるのではなく、教会を超えたところに真理があります。牧師も、信徒も、「神以外に正しい方はおられない」ことをたえず確認しながら、個々の意見を率直に表明し合い、わからないことはわからないと言い合い、ともに真実を追い求めていくことが大切です。

②次に、教会の礼拝が日本的になっていることをあげることができます。神社に参拝したり、お祓

いをしたりするのとどう違うのかをはっきりさせることが大切です。「礼拝」に参加し、正統的な「信仰告白」を唱え、「説教」を聞き、「聖礼典」にあずかれば、それだけでその人は救われると考える人たちがいます。日曜日に礼拝に参加し、新たな気持ちになって新しい一週間を過ごすというのと、神社や仏閣にお参りするのと、どこが違うのでしょうか。形式的に礼拝や儀礼を行なえばいいということではないはずです。日本の神社でお祓いを行うのは、罪を祓い清めて、水に流して、過去をなかったことにして、新たに出発するためです。こういう神社の儀礼というものと、教会の中での罪の赦しとどう違うのかを一人ひとりが、具体的な問題に即して理解すべきだと思います。信仰告白がお題目のように唱えられ、説教がみことのり（天皇のことば）のように聞かれ、それらに従順になろうと考えるキリスト者は、この世の権力に対しても従順になるのではないでしょうか。その結果、「信じる」という行為が義務化してしまい、そこからは「愛すること」は生まれてきません。

③さらには、信仰が「心の問題」として理念的にとらえられ、「身体的な問題」や「社会の問題」から切り離されて理解されています。人は「パンのみで生きていくこと」はできませんが、「パンなしで生きていくこと」もできません。パンを分け合ってともに生きるためには、一人ひとりがパンを差し出す必要があります。でもそれだけで終わりではありません。世界には裕福な国々があり、一握りの人たちのところには有り余るほどのパンがあります。そのパンを貧しい人たちのもとに届ける作業、あるいは社会を改革して貧富の格差を無くし、あらゆる人たちが必要なパンを手に入られるようにする

活動を、私たちは積極的にし続けなければなりません。イエスが招いた「食卓」には、そのような意味があったのではないでしょうか。

　私たちは、できないことをする必要はありません。でもだからこそ、それぞれに与えられている力を、それぞれの場で生かしながら、共感し合い、連帯しつつともに歩むことができるのです。自分にできないことでも他者はできるかもしれません。他者ができないことでも自分はできるかもしれません。大切なことは、それぞれが自分の足下《あしもと》の問題としっかり取り組むことです。

　足下の問題というのは、自分で見いだし、自分で取り組む以外にありません。誰かが正解を教えてくれるのではなく、自分で答えを見いださなければなりません。だからそれぞれが考えなければならないのです。思考停止をしないことが大切です。考えるということは、神から私たちに与えられた力です。そして、信頼関係を築くことによって深いところまで話し合い、ともに支え合いながら、自分を生かし、相手とともに愛と勇気を持って具体的な個々の問題にたち向かうことができます。

村椿　ところで日本の教会が日本の天皇制国家の中に埋没しているということを、きわめて象徴的に示すできごとがありました。二〇〇九年に日本のプロテスタント諸教会は、日本の「プロテスタント宣教一五〇周年」を記念して、一連の記念行事を行いました。

　日本のプロテスタント教会の宣教が始まったのは、一八五九年に聖公会のジョン・リギンズ（五月）、チャニング・ウィリアムズ（六月）、米国長老教会のジェームス・カーティス・ヘボン（十月）が、また秋にはオランダ改革派教会からグイド・フルベッキ（十一月）らの宣教師が来日してからだと言われています。

一九〇九年には「宣教開始五〇年記念会」が開催されました。琉球処分によって主権を奪われた沖縄に皇民化政策が強化されつつあった時代です。また一九五九年には、「プロテスタント宣教一〇〇周年」の記念行事が開催されました。当時の沖縄は、米国の施政権下にありましたので、沖縄抜きの宣教一〇〇周年でした。その延長で、二〇〇九年に一五〇周年の記念行事をしようという声があがり、歴史的検証なしに、安易に「五〇周年」、「一〇〇周年」の続きとして「一五〇周年」を記念しようと考えたところに大きな誤りがありました。

それは沖縄においては、それ以前にプロテスタントの宣教が為されていたからです。ハンガリー生まれのユダヤ系宣教師ベッテルハイムが英国聖公会から派遣されて琉球王国に到着したのは、一八四六年四月のことでした。それ以後、八年にわたり那覇に滞在し、宣教活動を行ったのです。またベッテルハイムは聖書を琉球語に翻訳したことでも知られています。ベッテルハイム自身は、聖書を日本語に翻訳し、日本の宣教のために用いたいと考えていたのですが、琉球で習った「日本語」は、実際には「日本語」ではなく、「琉球語」だったそうです。

ベッテルハイムはその後ペリーのもとで通訳として働き、日本にも同行しています。そしていわゆる黒船に乗って香港から米国に渡り、米国で長老派の牧師として活動したといわれています。しかもベッテルハイムは、訪日予定の宣教師らに、日本の宣教のためにさまざまなアドヴァイスをしたと伝えられています。沖縄のプロテスタント教会の宣教が、ベッテルハイムから始まっていることは間違いのない事実なのですが、問題は、日本のプロテスタント教会にとって、沖縄は日本ではないのかということです。沖縄が日本であるならば、宣教一五〇周年の記念行事は二〇〇九年ではなく、一九九六年に行わなければならなかったはずです。

天皇制国家日本にとって琉球は日本の一部ではなく、それゆえに江戸時代においては、参勤交代の対象とならず、「琉球使節団」として代表者その他を受け入れるというものでした。明治時代になって、日本は沖縄を日本の版図に組み入れましたが、その当時は実質的には植民地扱いで、「漸進的《ぜんしんてき》皇民化政策」というゆっくりとした手法で、琉球の人たちを皇民化するための作業に取り組みました。第二次世界大戦後は沖縄を切り捨て、米国の軍事基地を沖縄に押し付け、日本は独立国家への道を歩み始めました。

日本のプロテスタント教会は、そういう天皇制国家の歴史を見直すことなく沖縄に関わろうとし、その結果、何のためらいもなく、宣教一五〇周年の記念行事を催したのです。私たちは、この問題を何度も訴えましたが、公的には何の反応もありませんでした。「日本」のプロテスタント教会は、今もなお沖縄の歴史を切り捨てたまま、「天皇制国家日本」の歴史観を前提に、日本の教会史を論じようとしています。

ちなみにプロテスタント教会の致命的な欠陥の一つとして、各国別に「教会」（教派、教団）を構成しているという問題があります。たとえば「日本基督教団」というとき、どうして「日本」という枠組みが必要なのか、そもそも「沖縄の教会」を「日本の教会の一部」と見なすことができるのか……等を真剣に議論しなければならないと思います。私としては、開かれた「国境なきイエス共同体」というものを構想していますが、これについては、いつかまた改めて論じたいと思います。

第三章　生きること、愛すること、希望を持つこと

日本人としての生き方が問われている

「建国記念の日」の何が問題か

日本では、二月十一日が「建国記念の日」として「国民の祝日」の一つに数えられている。しかし日本には、「建国記念日」はない。なぜなら「建国記念日」を史実に基づいて明らかにせず、建国を祝う日として「建国記念の日」を定めたからである。したがって二月十一日は、歴史上は「建国の日」ではないが、神話にすぎない『日本書記』によれば「建国の日」なのである。このようなあやふやな論理のもとに私たちの国家の祝日が規定されていることを、私たちははっきりと認識する必要がある。

「建国記念の日」は、「建国をしのび、国を愛する心を養う日」として、一九六六年（元号に換算すると昭和四十一年）に定められた。二月十一日という日付は、そもそも「初代天皇とされる神武天皇の即位日の一月一日」に当たる。戦前はこの日をもって、「日本」という国家が成立したと見なされていた。二月十一日は、第二次世界大戦が終わるまでは「紀元節」と呼ばれ、天皇制国家である日本の誕生を神道の伝統に基づいて祝う日だった。

戦後になって、紀元節の復活に異議を唱える人々の反発があり、歴史的に根拠のない「紀元節」は廃止された。しかし歴史的な根拠はなくても、「建国されたことを祝う日」なら存続させてもいいではないかという議論が起こり、「建国記念の日」として定められた。しかしそれを推進した人たちが、伝統的な紀元節を復活させたいと考えていることは明白だった。

ところが時代がたつにつれ、二月十一日は、「日本が建国された日」だから、その日に「建国を記念し、祝う日」だと理解する人が多くなった。しかも「日本はそもそも天皇を頂点とする国家であり、日本は日本の伝統に基づいて建国を祝うのは当然である」と考える日本人が多くなった。それゆえ私たちは、二・一一は「建国記念の日」として祝日になっているが、「建国記念日」なのではないと繰り返し語る必要がある。

最近の天皇の即位に関する一連の報道や元号の改定に関する報道を見ていると、日本に天皇がいることが当然となり、いずれ紀元節が復活し天皇制と国家神道や国家権力が結びつき、「天皇制国家日本」が復活するのではないかと、私は危惧している。かつての天皇制が復活すると、私たちは天皇制国家日本の国民として生きることが当然のことと見なされ、一人ひとりが自分の生き方を探ったり、自由に意見を表明することができなくなり、表現の自由は奪われ、天皇制国家に異を唱えることはできなくなる。そして天皇制国家に都合のいい「文化」や、宗教や、価値観が押しつけられるようになる。

生きること、愛すること、希望をもつこと

さて、このような泥沼のような日本において、「生きる」ことがどういうことなのかを考えてみたい。一人ひとりにはそれぞれの「生き方」があり、どれが善くてどれが悪いと優劣をつけられるものではない。むしろ一人ひとりが個性をもった人間として、どう「生きる」ことができるのか、お互いに「愛し合う」とはどういうことなのか、どうしたら私たちは不完全な人間でありながら「希望をもつ」ことができるのかを考えてみたい。

生きること

それぞれの抱えている「いのちの問題」を語り合う

ところで私は現在、肝臓にガンを抱え、闘病生活を続けている。ガンの告知を受けてからすでに五年以上になり、これまでラジオ波による治療、開腹手術や、カテーテルによる化学治療、分子標的薬による治療等を続けてきた。ガンは日本人の二人に一人がかかると言われており、それだけ誰にとっても身近な問題である。

そのうちのかなりのガンが治ると言われているが、現実問題としてそんなに簡単に根治できるものではないと私は感じている。私は以前、肝ガンの場合、生存率はせいぜい五年程度だと聞かされ、それ以上は生き延びることはできないと考えていた。特に若い人でガンにかかる場合は、進行が早いといわれている。

私は以前は、「自分はガンで闘病中です」と話してくれる人に対して、「かわいそうに」とか、「大変だろうな」という思いが心に浮かんできた。しかしあるガン体験者の手記に「かわいそうかどうかは本人しかわからない。がん患者のことを勝手にかわいそうだなどと決めつけないでほしい」と書かれているのを読んで衝撃を受けた。しばらくして私自身の体験からも、「ガン患者だからどうこうとは決めつけないでほしい」、「ガン患者はさぞかし大変だろうと考えないでほしい」と思うようになった。私自身がそれまで、人の思いをどれだけ理解してきたか、相手の苦しみを表面的にとらえるだけで、相手がどんな思いでいるのか、どんな状況に立たされているのかを知ろうとしなかったことを恥ずかしく思うようになった。

私の外科の主治医は、私の場合「余命何年というのは当てにならない。科学的ではない。そんなことは誰にもわからない」と言い切った。私は始めの頃はとても不満だった。外科医であるならさまざまな症例を見ているはずで、どうしてはっきり言ってくれないのかと思ったが、いろいろな症例を見ているからこそ、はっきりとしたことは言えないのだと、今は納得している。

たとえば余命一年と言われれば自分のやるべきことをやろうとする、十年と言われればまだまだ時間があると考え、のんびり過ごす……という生き方は、主体的な生き方とは言えず、むしろとても依存的だと思う。大切なことは、今、ここで、自分に与えられている「いのち」を生きるということであって、どれだけ時間が残されているかによって自分がどう生きるかを決めるのではなく、時間があっても無くても、一日一日を大切に生きることが重要なのだと思う。

また「奇跡」が起こるようにとひたすら祈るということではなく、今日も自分が生かされていることを感謝し、最後の時まで自分を生かして、前向きに歩むことが大切なのだと思う。私はガンの宣告を受けてから、「奇跡」とは、今、ここで、自分が生かされていることなのだと思うようになった。つまり奇跡はこれから起こるかもしれないことではなく、すでに「日々、生かされているということ」である。だから今、自分の前で苦しんでいる人、助けを求めている人がいれば、自分が健康になってからどうにかしましょうと考えるのではなく、今、すぐに、自分にできる範囲で、声をかけたり、手を差し伸べることが大切だと思う。自分自身も不安にかられたり、悩んだり、苦しんだりすることがあるからこそ、「自分は今、ここで、このように生きている」と相手に伝え、同じように生きるさまざまな人たちと結びつくことによって、一人ひとりの声は小さくても共感を呼び起こすことが大切なことなのだと思う。

声をあげること、聞くこと、語り合うこと

そうはいっても、同じ家族どうし、同じキリスト者どうしでも、それぞれが思うことを語り合うことがなかなかできないのが現状ではないだろうか。私が肝ガンであることを知ったとしても、ほとんどの人は私に向かって直接、ガンのことを話題にしない。心配してくださり祈りに覚えていてくださっているのだとは思うが、直接的にはふれようとしない。私は、これは日本人のメンタリティーが関係していると思う。つまり個人的な深刻な問題について、あるいは「死」について、いい加減なことを

語ると相手を傷つけたり、相手の体調の悪いときには疲れさせてしまうので、そもそも何も語らないほうがいいと考え、「死」の問題を語ることを避けてしまうのである。

私の場合は、家族は率直に受け入れてくれ、またお互いに冷静に話し合ったり、いろいろな思いをぶつけ合ったりすることができるので感謝している。率直に受け入れるといっても、告知された内容をそのまま受け入れるということではない。私の主治医は、わからないことはわからないと正直に語ってくれる。だから今後どうなるかと断定することはできないが、今の時点で何がわかり、何がわからないのかを知り、それをもとに今後どうするかと家族とともに話し合うことができる。そして私の場合はまだ時間は残されているらしいので、話し合いを継続することができる。

私はもっと自由に人と人とがいろいろな思いをぶつけ合ってよいのではないかと考えている。相手のことを気づかうとか、相手の思いを推し量ることばかりを繰り返していると、相手との間に距離ができ、ともに生きることができなくなる。だからもし相手が疲れているように見えるなら「疲れていませんか」と声に出して聞いたり、自分がよく分からないことであるなら「私はこう考えていますが、よくは分かりません。あなたはどう思いますか」と聞いたりすればよいのであって、自由に語り合える関係を築くことが大切なのである。たとえ相手を一時的に傷つけてしまうことがあったとしても、語り合うことのほうが大切だと私は考えている。そうしないと、病気を抱えている人たちを孤立させることになってしまうからである。

たとえば高齢者は、何も言わなくても若い人たちがどうにかしてくれるはずだと考えていると、いつまでたっても高齢者の声は相手に届かないし、社会に反映されない。そういう社会をつくらないためにも、声をあげることが大切なのである。

人生に正解というものはない。私たちはいろいろな可能性を持ち、その都度、選択しながら生きている。しかし「人生には正解があるのだ」と考える人が、とても多いことに驚かされる。そして誰かが正解、あるいは模範的な生き方を知っていて、その人の言う通りに生きていればうまくいくと考える人が多い。でもそれは幻想にすぎない。

一人ひとりを大切にする

ともに生きるためには、第一に、自分なりに「善悪の判断をする」ことが必要である。間違ったことについては「間違っている」、おかしなことについては「おかしい」と、はっきりととらえることが大切である。しかしその場合、「善悪の判断」が自分にとって都合のよい利己的なものになっていないか、あるいは現代の日本だけに通用する誤った判断ではないかと検証する必要がある。すでに述べたように、宗教の面では、日本には神道的な考え方や生き方が色濃く残っている。また政治の面では、軍事大国や経済大国になることを追い求める「自国優先主義」がまかり通っている。自分には善か悪かがわからないとはじめから判断を放棄するのではなく、まずは一人ひとりが自分なりに判断することが大切である。そしてその判断が間違っていたと気づくなら、どうして間違ったのかを検証しつつ、新しい判断をくだせばよいのである。

そして第二に、「自分の意見をはっきりと伝える」ことが大切である。つまり「多くの人たちの意見とは違うが、私はこれが正しいと思う」とか、「私には何が正しいかよくわからないけれども、少なくとも今、この件についてはこう思う」と伝えることが大切である。自分の判断をはっきり声に出すということは、自分の立っている場を踏まえ責任をもって相手や社会に対して思いを伝えるということであって、自己を絶対化することとは異なる。むしろ自己を相対化するために、一つの考え方として、自分の意見を相手に表明することが大切である。

第三に、「相手の意見に耳を傾ける」ことが大切である。お互いに自分の意見をはっきり伝え、相手の意見に耳を傾けることによって、何が真実であるかをともに追い求めることができる。そして自分の間違いに気づき、より良い判断をくだすことができる。

キリスト教では、正解を知っているのは神だけである。このことはキリスト教の牧師や教会の役員や信徒たちが正解を知っているということではない。誰も正解を知らないからこそ、困難な問題に直面したら、お互いに知恵を出し合い意見を交換し合って、ともに正解や真実を追い求めることが大切なのである。

現在、私たちは新型コロナウイルスの脅威にさらされている。今後、どうなるのか、まったく予想はできないが、私たち一人ひとりがこのウイルスとどう向き合っていくのかが問われている。だがその際に大切なことは、神によって「いのち」を与えられ、神によって生かされている私たちが、それぞれの思いを言葉にして、ほんとうに大切なものが何であるのかを語り合い、現時点での問題や課題を共有し合うことである。ウイルスは国境を越えて広がっていく。自分だけ、自国のことだけ考えても、ウイルスの蔓延を止めることはできない。私たちは、世界中の人たちがともに生き延びる道を考えないと、自分たちも生き延びることはできないという状況に立たされているのである。

ところで一人ひとりが別の一人ひとりを大切にするということについては、病院に置いてあったガン治療に関するパンフレットの中にも書かれていた。そこにはガンの告知を受けて「誰にも会いたくない」と心を閉ざす人がいることが書かれていた。私はそれを読みながら、これは決してガン患者に限らない問題だと思った。

私たちはそれぞれ学校や職場で、あるいは家庭や地域の中で、悩みや不安を感じたりストレスを感じて生活している。そのようなときに、自分の不安や弱さを人に知られまいと考え、自分の心の中に閉じ込めてしまう人が多いのではないか。それを無理に語る必要は決してないが、悩みをかかえる人たちが顔を合わせ、お互いに相手を信頼し合いつつさまざまなことを語り合うことができるなら、孤立化することなく、今まで以上にお互いに信頼し合い支え合うことができ、また社会のあり方を改善するために声をあげることができる。たとえ同じ病気や問題を抱えているわけではなくても、この社会のさまざまな問題を明らかにし、ともに共感し合うことができれば、ともに連帯して立ち上がることができるのである。

相手がガン患者であったとしても、特別な対応の仕方があるのではなく、神に生かされ愛されている人間として、相手とともに生きるために当然のことをすればそれでいいのだと思う。またガン患者自身にとっても、特別なことをするのではなく当然のことをすればそれでいいのだと思う。相手と会いたくなければそう伝えたらいいし、言いたくないことは言わなくていいのである。

でもそれぞれが自分の抱えている問題を隠すことなく自由に語り合いお互いに信頼しつつ歩むことができるなら、お互いに責任を負い合って、ともに生き、ともに支え合う関係を築くことができる。しかも一人ひとりが自分の思うことを語り合い、お互いに相手の言葉に耳を傾けながら歩み、より善いものを追い求めていくことができる。それができないからこそ、私たちは何かが起こると不安になったり、行きづまったりするのである。だが今からでも遅すぎるということはない。私たちは今というこのときに、神から「いのち」を与えられ、生きる時間を与えられているのだから。

神から与えられた「いのち」を生かす

ところで学校教育の現場では、子どもたちが正解を導き出すように要求され、そのような授業がなされ、一つでも多くの正解を導き出した人が優秀な生徒や学生と見なされている。そのような教育が当たり前のこととして為されている日本では、「個性を生かす」ことよりも「競争に勝つ」ことが大事だと考えられている。

社会に出れば、そこはいつ、どこで、誰に攻撃されるかわからない危険な場所なので、常に身構えておかなければならないと考える人が多い。もし職場で同僚に心を許して何でも話すと、相手から反感を買ったり、攻撃を受けることもあるので、極力、余計なことは言わずに、相手と調子を合わせ、当たり障りのないことを話題にして時間を過ごすというように行動する人が多い。相手が上司の場合には、「忖度」する（つまり相手の意向を推しはかり、相手の望むことをみずから進んで行う）ことが暗に要求されることも多い。そしてありのままの自分を見せることを極端に嫌い、自分がいつも立派で有能な人間であると見せようと演技をするようになる。しかし身構えたり演技を続けることは、本当の自分を覆い隠し、本当の自分を「理想的な自分の姿」の中に閉じ込めることになり、最後には自分を見失いストレスをかかえるようになる。

現代の日本においてもっともないがしろにされていることは、「一人ひとりのいのちや個性を大切にすること」ではないだろうか。

私たちに「いのち」を与えてくれた神を信じ、イエスとともに歩もうとするキリスト教の教会こそ、子どもから高齢者まで、一人ひとりを大切にすることを実践できる場ではないだろうか。教会は、一つの模範的な生き方を学ぶ場ではない。そのようなことをすれば、私たちは自分を殻に閉じ込めることになり、その結果、教会は同じように考え生きる人たちの閉鎖的な集団になってしまう。そうではなく、教会は神からいのちを与えられた人間が「個」として生きながら、自分とは異なる相手とさまざまな関係を持ちつつ、神の前でともに、正しいものや真実なものを追い求める共同体である。イエスに学びつつ、イエスに支えられながら、人生のさまざまな問題についてともに学び合い、それぞれが個性を持って生きることができるように、お互いに支え合うことができる場である。だから教会の中で、さまざまな問題を抱えている一人ひとりが対話し合い、議論し合って、問題点を共有し、お互いに重荷を負い、励まし合って、「ともに生きる関係」を築くことが大切なのである。そしてそのためにこそ、一人ひとりが自分の意見を語り、自分の姿をさらけ出し、本気で相手と向き合わなければならないのである。そのときにこそ、聖書に語られている「神の霊（聖霊）」が働き、私たちが「個」でありつつ、お互いにしっかりと結びつくことができるのではないか。

「反戦平和運動」はいのちを守るための活動である

さて「いのち」の問題とは、私たち一人ひとりが、日ごとにパンを食べ、健康を維持しながら生きていくという生物的な次元の問題であると同時に、日々、安全に暮らし、事件や事故に巻き込まれることなく生きていくという社会的な次元の問題でもある。

私は今日に至るまでの約四十年、沖縄県の宜野湾市その他で活動してきたが、地理的にその中心部に位置する普天間飛行場近くにある沖縄国際大学で、二〇〇四年八月十三日に米軍ヘリコプターが爆発、墜落、炎上するという事故が起きた。その現場は、私が家族とともに住んでいる所から約八百㍍しか離れていなかった。その日の午後二時十五分頃、米軍海兵隊所属のCH53D大型ヘリコプターが、宜野湾市にある沖縄国際大学の1号館本館に接触し、学内の敷地に墜落し、炎上した。このヘリコプターは、何らかの理由で空中爆発を起こし、普天間飛行場に戻ろうとしたが、その手前の大学敷地内で墜落し、炎上した。

事故をおこしたヘリコプターは、その時点ではハワイのカネオベイ基地の第二六五ヘリ中隊に属していたもので、一時、岩国基地で訓練を続け、その後、普天間飛行場に移駐したものだった。当時、普天間基地のヘリ部隊がイラクへ派遣されたため、一時的に補充されたものと考えられている。この例からもわかるように、沖縄の米軍基地は、全世界の米軍基地とつながっている。

私は事故が起きたときに、ちょうど沖縄国際大学正門前にあるコンビニエンスストアに、当時高校生だった娘といっしょに車で向かう途中だった。正門近くの交差点を右折しようとしたときに、たまたま信号が赤に変わったので、車を停止させた。その瞬間、目の前を大学方向に米軍の消防車、米軍の医療用の救急車、米憲兵隊の車両、米軍のタンク車が通りすぎた。そしてその直後に、県警のパトカーが二台来て、大学方向へ向かう道をふさいだので、私の車は右折できなくなった。

突然のことで、私は何が起きているのかわからず、仕方無く交差点を直進した。すると娘の同級生が真っ青な顔で息を切らしながら早足で歩いていたので、ただ事ではないと思い、私の車に乗せた。その女子高生は、「爆発音がして、危ないからすぐに逃げなさいと言われ、急いで逃げてきた」とポツリポツリと語り始めた。

私は何が起きたのかを知りたくて、二人を連れて近くにあった本屋に飛び込んだ。しばらくすると、やって来た客たちの間で起きたばかりの事故の話題が持ち切りになった。

大学の並びにはガソリンスタンドがあり、道路をはさんで、マンションやアパート、中古車販売店、食堂、コンビニエンスストアがある。そこからわずか離れたところには、保育園、幼稚園、小学校、病院、介護施設などもある。事故の被害は、かなり広い地域に及んだ。沖国大に墜落する直前に、すでにプロペラ、ローター、金属片、オイルなどが、民家や、空き地、道路などに落下した。事故現場から道路をはさんで向かい側にあるアパートでは、金属片や、アルミ製のドアが部屋の壁を突き破り、テレビを直撃した。また民家のアンテナが落ちたり、プロペラの一部がバイクを直撃したり自家用車のフロントガラスに当たったり……等の被害が出た。ガソリンスタンドにも金属片が落下した。

さらに驚いたことに、これらの落下物を回収したのは、沖縄県警ではなく、米兵たちだった。米軍は軍事機密に関わることを理由に、事故直後から約五日間、事故現場を封鎖し、宜野湾市や沖縄県の関係者、県警には一切、手をつけさせなかった。その結果、大学の学長すら立ち入ることができなかった。米海兵隊員が付近の道路に通行禁止のテープを貼り立入禁止にした。大学構内で事故処理に当たった兵士はガスマスクをしており、まるで宇宙服のような完全防御服を着用し、ガイガーカウンターで測定をくり返していた。それはプロペラを回転させるために必要なローターという部分の凍結防止のために、ストロンチウム90という放射線物資が使われていたからだと言われているが、その当時たび たび話題になっていた劣化ウラン弾を積んでいた可能性も否定はできない。米軍はその後、事故現場の土壌まで掘り起こして持ち帰ったため、すべては闇にほうむられてしまった。この事故の詳細については、今日に至るまで、何の発表もない。

その事故から約一年前の二〇〇三年十一月に、普天間飛行場を上空から視察した当時のラムズフェルド米国防長官は、思わず「世界一危険な米軍施設」とつぶやいた。それは、市街地のまん中に軍事基地があり、実践部隊が配備され中東その他に出撃しているからで、米国本国でもこのような危険な施設はあり得ないからである。

前出のように、同じ普天間飛行場の周辺で、二〇一七年十二月七日には飛行場を離陸した米軍ヘリが普天間バプテスト教会（神谷武宏牧師）付属の緑ヶ丘保育園の屋上に、ヘリの部品を落下させるという事故が起こった。いまだにその原因究明はなされていない。

またその六日後の十二月十三日には、CH53E大型輸送ヘリが普天間第二小学校に窓枠を落下させる事故が起きた。窓には約九十センチ四方の金属製の外枠があり、重さは約七・七キロで、窓枠に差し込まれていたアクリル製の透明板が粉々になって小学校校庭に飛び散った。発生時は二年生と四年生の体育の授業中で、児童五十四人が運動場におり、落下した窓枠から十数メートルの距離にいた小四男子の左肘に、風圧で飛んできた落下物の一部が当たり、痛みを訴えたということである。

沖縄には、沖縄戦の教訓として「軍隊は住民を守らない」という言い伝えがある。沖縄戦において、日本軍は沖縄の住民を守らなかったからである。軍隊が国民の安全や財産を守るのなら、その当時すでに沖縄は日本の一部（沖縄県）だったので、その安全や財産を守って当然だが、沖縄は実際には「日本であって日本ではないところ」と見なされ、明らかに差別の対象だった。戦後になって米軍が沖縄を占領したが、米軍は沖縄を日本の支配から解放したのではなく、「冷戦」という新たな国際的対立抗争のために利用しようとした。どの軍隊も住民を守るものではなかった。自衛隊も「国益」を守るための軍事訓練を続けており、辺野古の新基地建設も、沖縄の住民や自然を守るためのものでは決してない。

そのような状況の中で、沖縄の人たちは、「いのち」を守ろうと声をあげ、「国益」を優先させようとする日本政府に異議を唱えてきた。このような動きは、政治的な判断に基づくものではなく、自分たちの「いのち」を守るための行動であり、それは当然、東アジアの人々の「いのち」を守るための行動とも、また日本の人々の「いのち」を守るための行動とも結びついていくはずの行動である。

私たちがこのような「いのち」を守るための行動に加わるのは当然である。なぜなら「いのち」は、神によってすべての人間に与えられたものだからである。一日一日を大切に生きるという行動も、反戦平和のための行動も、核兵器や原子力発電所を廃棄するための行動も、また地球温暖化を阻止するための行動も、あるいは地上から貧富の格差を無くすための行動も、全人類がともに追い求めていかなければならない「いのちを守るための行動」である。だからこそキリスト者もそうでない者もいっしょになって、いのちを守ろうとする人たちとともに行動する必要がある。自分の「いのち」を守るための行動は、神に与えられた「いのち」を守るための行動であり、私たちはともに「いのち」を守るために連帯できるのである。

愛すること

愛することが大切である

もし私たちが、自分の「いのち」を守るだけでなく、全人類の「いのち」をともに守ろうとするなら、「愛すること」を実践しなければならない。「愛すること」とは、「愛について学ぶ」とか、「愛という概念についての知識を得る」とか、「模範的な愛を実践する」ということではない。自分一人が「愛情豊かな人間になる」ことではない。実際に私たちと同じ空間に、苦しんだり助けを求めたりする人がいるのを見て、その人とともに生き、未来を切り開くために、覚悟してその人に向き合い、手を差し伸べ、何らかの行動をともに起こすことが、「愛する」ことである。それは模範的でなくてもかまわない。何らかの形に捕らわれる必要もない。どれだけのことができるかと結果を気にすべきでもない。一人の苦しんでいる人を見て、その人に「顔」を向けようとするかどうか、その人との「出会い」を感謝し、その「出会い」を出発点として新たな関係をつくろうとするかが大切なことである。したがってあらかじめ、その人のために何をしたらよいのか、自分に何ができるのかと考えても、答えは得られない。相手を愛するために何を為すべきかという方法を見つけてから行動を起こすのではなく、まずは「愛する」という行動を起こすことが大切であり、方法はあとからついてくる。シナリオを作ってからその通りに行動すると、そのシナリオが理想的なものであればあるほど、そのシナリオに縛られることになる。

イエスは、人を愛するためのシナリオを提示したのでもなく、また「愛」を身につけて自分自身が「愛情豊かな」人間になれれば他者を愛することができると教えたのでもない。自己を完成させ、愛することのできる人間になることを要求したのではなく、自分がどうであろうと、目の前にいる苦しんだり悲しんでいる人を見て、その人を愛しつつ生きる者になるようにと私たちを招いたのである。

イエスが活動した当時も現代も、まずは自己を完成させ、自分が立派な者となれば他者のためにも生きることができると考える人が多い。イエス以前のギリシア哲学においては、アリストテレスが倫理学（ニコマコス倫理学）の中で、自分自身が「徳」のある人間になることが最優先すべき課題であり、そのことのためにこそ他者を愛する必要があると切々と訴えているが、これはイエスの教えとはまったく異なる。

古代世界において、「自己を生かすために、他者を愛する」というような倫理学が主流となり、あらゆる古代国家が「自国の利益」を最優先課題とし軍事力や経済力の強化を競い合うという流れの中で、イエスは「他者のために他者を愛する」べきではないかと訴え、愛することなしには「神の国」は成立せず、むしろ世界やその中に生きる人間も滅んでしまうと訴え、愛することの喜びと重要性を伝え、みずからそのように人間を愛したのである。

愛についての従来のキリスト教の教え

したがって私たちがイエスから、そしてまた聖書から学ばなければならないことは、「完全な愛」についての教えではなく、また人を愛する場合の「愛し方（どのように愛したらよいかというシナリオ）」でもなく、「愛する」という行動そのものを実践することである。

それなのにキリスト教においては、いまだに理想的な愛についてばかりが語られており、そのような愛をめざすべきだと教えられている。愛するためにはどのように行動すべきかというシナリオについても、礼拝の説教やさまざまな集会で紹介されている。キリスト教で典型的な「愛についての教え」といえば、聖書でアガペーと表現される神に基づく愛であって、この世的な「愛」とは本質的に異なるという教えではないか。私自身、子どものころから、現在に至るまで、何度もそういう類いの話を聞かされてきた。

アガペーを強調する人たちは、アガペーとは、神の愛や、自己犠牲的な愛、無私の愛を指す言葉であって、恋愛や性愛、つまり人間的な欲望に基づく愛を指すエロスや、友情や博愛を指すフィーリアとは本質的に異なると説明する。エロスという言葉を聞くと、私たちはエロチックなもの、つまり性的なもの、官能的なもの、好色的なものを連想する。そしてそれはキリスト教的なものではないと判断する。しかしエロスには、プラトンが指摘しているように、真善美に到達しようとする哲学的衝動という意味もある。

確かに「神の愛」と「人の愛」には大きな違いがある。それは「本質的な違い」である。それは誰が愛するかという「主体」の違いであり、「神が愛する」という場合と、「人が愛する」という場合とでは、「神」と「人」とがそもそも質的に異なるために、「愛する」という行為も質的に異なるのである。つまり私たちは神ではないので、「神が私たちを愛する」ように「私たちが神を愛したり人を愛する」ことはできない。

しかし「神の愛」と「人の愛」には類似点もある。だからこそ、新約聖書の中には、「神が……私たちを愛されたのですから、私たちも互いに愛し合うべきです」（Iヨハネの手紙四・一一）とか、「私（＝神の子として地上に遣わされたイエス）があなたがたを愛したように、あなたがたも互いに愛し合いなさい」（ヨハネ福音書一五・一二）というように、神に愛された者として私たちもまた「愛する」ことができるのであり、神の愛に生きた「イエスのように」、私たちも愛し合うべきだと指摘されている。つまり私たちは、神やイエスと同じ愛をもって神や人を愛することはできないが、神に愛された者として神や人を愛すること、地上でイエスが神や人を愛したように私たちも愛することができるのである。イエスが人を差別することなく善人をも悪人をも愛したように、私たちもお互いに相手と関わり、ともに支え合い、ともに前進することができるのである。

神の愛に生かされ、みずからその愛に生きようとするなら、一人ひとりが神によって愛されているのだということを知らなければならない。そして神によって愛されている自分を、私たち自身が受け入れ、みずからを愛することを学ばなければならない。そして困難な時代の中にあって、私たちとともに歩むイエスが、私たち一人ひとりを愛し、ともに歩もうとしたことを覚え、私たちもまたさまざまな人たちに分け隔てなく関わり、困難な問題を抱え孤立している人たちに声をかけ、ともに力を合わせて支え合い、この世の課題にたち向かっていかなければならない。

愛するということはきわめて創造的な行為である。私たちが愛すべき相手が誰かということをあらかじめ決めることはできない。さまざまな人たちとの巡り合わせの中で、「私が助けることのできる人」や「私を助けることのできる人」と出会うことができれば、そこからともに生きる関係を築き、お互いに愛し合うことができるかもしれない。イエスは、町や村へと旅を続け、僻地や国境の向こう側にも足を踏み入れた。そこでさまざまな人たちに出会い、貧しい人、病を抱える人、孤独な人を見いだし、そのまま放ってはおけないと考えた。イエスは声をかけ、相手の苦しみや悲しみに共感し、人々がともに生き、ともに生かし合うためには「愛すること」が必要であると伝えた。「愛すること」こそが「死」に負けることなく人間を生かす力であること、そして「愛すること」こそが、人間がともに生きる交わりを得させるということ、つまり「神の国」を実現する原動力であることを、イエスは、ローマが地中海沿岸に巨大な帝国を建設するという世界史の大きな変換点において明らかにした。私たち人間の「いのち」が神に創られたものであること、そして私たちの一人ひとりが神に愛されている者であることを知り、私たちはお互いに愛をもって歩むべきである。またお互いに愛し合いつつ生きていくことができるように、共感し合い、共通する課題にたち向かうべきである。神に与えられた「いのち」を大切にするからこそ、私たちは地球温暖化やウイルスの蔓延を阻止するため、核兵器や原発を廃止するため、戦争のない平和な世界を建設するため、それぞれの個性が生かされつつともに生きる世界を実現するために、積極的に行動すべきである。

それぞれの教会は、そのために大きな役割を担うことができると思う。人と人との出会いの場を提供し、教会に集まる一人ひとりが個性を発揮できるように対話し、愛することを学び、愛することを実践することが大切である。ただしこのことは、すべての教会が同じ行動をとるべきだということではない。教会もまた個性的であってよい。いずれにせよイエスの共同体として、イエスが教え、示した愛を実践する場が、教会であると私は考えている。

自分を枠組みの中に閉じこめずに、解放すること

ところで麻生太郎副総理兼財務相は、最近（二〇二〇年一月十三日）、福岡県直方市で開いた国政報告会で、ラグビーワールドカップ（W杯）の日本代表チームの活躍に触れ、「ワンチームで日本がまとまっ

た。二千年の長きにわたって一つの言葉、一つの民族、一つの天皇という王朝が続いている国はここしかない。よい国だ」と述べた。麻生氏の発言は、現在の日本という国が、アイヌ民族や琉球民族を含んでいる多民族国家であることを認めず、国民がひとつの民族としてワンチームとなってたたかうことを求めるもので、まさに天皇制国家日本を実現しようとするものだと言える。

確かに人間は一人では生きていくことができない。私たちはすでにさまざまな人たちから支えや助けを得て、生きている。たとえ無人島で自給自足の生活を営むと言っても、人の手で作ったものを一切、用いることなく生きていくことはできない。他者の存在や労力のおかげで、さらには人類が何千年にわたって獲得した道具や知恵のおかげで、私たちは今後も生きていくことができるのである。

だがこのことは孤独に生きてはいけないということではなく、場合によっては、あえて孤独に生きることを選択することもあってよいと思う。もっとも大切なことは、他者から強制されて生きるのではなく、自分の意志に基づいて創造的に生きるということである。国家や社会に依存するのでもなく、何でも他者を頼りに生きようとするのでもなく、自分の力で、自分を生かしながら、創造的に生きようとするときにこそ、私たちはともに歩む仲間を見いだすことができるのではないだろうか。シナリオは存在しないのだから……。

いずれにせよ私たちは、自分を枠の中に閉じ込めることなく、むしろ解放させなければならない。この世の国家という制度、地域社会の束縛、家族による強制から解放されて、さらには自分自身の理念や行動様式から自由になって、さまざまな人との出会いを望み、ともに語り合い、ともに対話を積み重ねなければ、お互いに愛し合う創造的な関係を築くことはできないだろう。

希望を持つこと

未来は自分たちの手でつくる

ところで私たちは、さまざまな人たちと結びつき、お互いに愛し合いつつ生きることができるのだろうか。そしてお互いに生かし合うだけではなく、私たちが生きる大地を人と人とがともに力を合わせて生きる平和な世界とすることができるのだろうか。鎖の小さな輪が別の小さな輪と結びつくことによって、大きな鎖の輪をつくることができるように、私たちも一人ひとりが結びつくことによって平和な世界を生み出すことができるのだろうか。

それぞれが自分の利益しか求めず、国家もまた自国の利益を最優先に求めようと軍事力や経済力を競い合っていることを考えると、そのようなことは不可能なことに思える。

どうしたら私たちは困難な現実の中で「希望を持つ」ことができるのか。どうしたら荒地に花を咲かせることができるのか。もし私たちがここで、私たちの願いをかなえてくれる強いリーダー、英雄的な指導者、あるいは政治的な独裁者によって希望を持つことができると考えるのであれば、それは大きな間違いである。英雄的な人物や独裁者がたとえ新しい秩序をもたらすとしても、それは長続きせず、いずれ新しいシステムにとって代わるだけだろう。もし私たちが独裁者に身を任せるだけで、みずから何もしようとしないなら、この世界の構造や仕組みは何も変わらないだろう。しかしたとえ小さな動きだとしても、私たちがともに生きようとし、お互いに生かし合う関係を愛によって造り上げようとするなら、それは大きな収穫をもたらすだろう。

私はドイツ滞在中に、希望を持って生きることについて考えさせられることが何度かあった。ドイツのプロテスタント教会の奨学生として妻とともにドイツに滞在したのは一九八〇年初頭のことだったが、その頃レジ袋が有料になり、多くの人たちがレジ袋の使用を控えるようになった。それは資源を大切にし、地球環境を守るための一つの行動だったが、多くのドイツ人たちがそれに賛同した。日本では最近、オリンピックを前にして、日本の対応が遅れているのを批判されないように急にレジ袋を廃止することになったが、ドイツから四十年もたってからのことである。日本がやっとレジ袋を廃止することができたことは評価したいが、なぜ日本ではこんなに取り組みが遅れたのだろうか。

またドイツでは、その頃すでに節電が呼びかけられており、夜間は、各家庭でも店舗や道路でも、日本よりはるかに暗かった。私は、あるドイツ人から、「先進国というのは、電力をできるかぎり消費しない国のことである」と聞かされ、衝撃を受けたことを思い起こす。日本では、現時点においても「電力の消費量の多い国が先進国である」と考えているのではないか。

一九八〇年代にドイツで大きな話題になっていたのは、ドイツの統一は可能かという問題だった。私にも、日本人としてどう考えるかと質問されることがあった。そのようなときに私は、西ドイツとして、東ドイツは東ドイツとしてすでにそれぞれの歩みを続けているのであり、現実的に統一は難しいのではないかと答えた。

私は当時の西ドイツの教会が、統一に向けて動いていることを知っていた。西ドイツの教会は東ドイツの教会を精神的に支え続け、さまざまな時にそれをかたちにあらわそうとしていた。たとえばベルリンでは、西ベルリンの教会も東ベルリンの教会も、組織上は同じ一つの「州教会（ランデスキルヘ）」に属していた。クリスマスには毎年プレゼントを贈り続けていたし、何よりも多くの人たちが統一のために祈っていた。

しかし私は、教会に政治を動かすほどの力はないだろうし、いくら一般の人たちが声をあげても歴史を変えることは不可能だと考えていた。そもそも人々が結集して新しい時代をつくるという考えに、私はとても懐疑的だった。日本の多くの人たちもその当時は、そのように考えていたのではないか。日本は日米安保条約を破棄することができなかったばかりではなく、東西の冷戦の中で米国との軍事同盟がますます強化されようとしているのに、それを阻止する具体的な行動を起こすことはできなかった。東アジアに平和を実現することもできなかった。……しかし私はそのような懐疑的な考えが、日本的な体質に基づくもので、歴史教育などの場で植え付けられてきたものだと知ることになった。

日本においては政治や歴史を、自分たちの手で作り上げようという意識を持つ人はきわめて少数なのではないか。もしそのような見方が間違っているのであればそれに越したことはないが、現実には少数の人たちがいくら声をあげても、現実に政治や歴史を動かすことはできないというあきらめ感が満ちているように思える。

しかしその当時、私がドイツで関わった人たちの多くは、歴史は自分たちの手でつくり出していくのだとはっきりと語っていた。そしてついに民衆の手でベルリンの壁は取り壊され、かつての東西ドイツは一九九〇年十月に統一を遂げた。このことは私にとって、あきらめずに「希望を持って生きる」ことを考える大きなきっかけとなった。

ドイツ首相メルケル氏の姿勢

ここで日本とドイツの政治を比較する場合に極めて重要だと思われる「人間の尊厳」や「人権」についての憲法上の規定について説明する。

基本法とよばれるドイツの憲法には、ドイツが「ドイツだけでなく世界中の人間の尊厳」を尊重することが明記されている。憲法の第一条一項と二項には次のように書かれている。

第一条一項　人間の尊厳は不可侵である。これを尊重し、および保護することは、すべての国家権力の義務である。

二項　ドイツ国民は、それゆえに、侵すことのできない、かつ譲り渡すことのできない人権を、世界のあらゆる人間社会、平和および正義の基礎として認める。

また憲法の第十六条には「庇護権」が規定され、政治的迫害を受けている難民をドイツが保護することが明記されている。いずれもていねいに見ていかなければならないが、人権を「自国民」に限定するのではなく、「人間」の権利として広く理解しようとする姿勢がわかる。

これに対し、日本国憲法においては、前文で「全世界の国民が、ひとしく恐怖と欠乏から免かれ、平和のうちに生存する権利を有する」ことを確認しつつも、憲法本文の中では、次のように規定されているにすぎない。

第十一条　国民は、すべての基本的人権の享有を妨げられない。この憲法が国民に保障する基本的人権は、侵すことのできない永久の権利として、現在及び将来の国民に与へられる。

つまり日本は日本国籍保持者の人権を保障するが、日本人以外の人権までは保障しないということである。だからこそ日本は現在、「政治難民」を受け入れていない。「政治難民」は、それぞれの国家の問題であり、日本がどうこうすべき問題ではないというのが、日本国政府の基本的な姿勢である。

だが現在のドイツの首相であるアンゲラ・メルケル氏は、ドイツの憲法の理解に基づいて、可能な限り難民を受け入れ、保護しようとしてきた。そのメルケル氏は、二〇〇一年にドイツのフランクフルトでプロテスタント教会が開催した「第二十九回ドイツ福音主義教会大会」で、聖書の奇跡物語に基づいて講演をした。この講演の中には「希望」という言葉は出てこないが、私はまさに希望をもたらすものだと思うので、要約して紹介する。

この講演の中でメルケル氏は、第一に「奇跡を求めない」と述べている。ここではまず、メルケル氏の物理学者、政治家としての姿勢が表明されている。メルケル氏は、もし奇跡が人間の思いどおりに起こるなら、私たちは奇跡が起こるようにと祈ってさえいればよいのであって、「人間は何の努力をする必要もなくなる。不思議なことが起こるのを待っていればいい」ということになると述べている。しかし福音書には、娘を助けようとか、病人のために何かをしなければならないとみずから行動を起こした人たちがたくさん描かれている。メルケル氏は、「そのような人たちは、奇跡が起こることをあてにしていれば、それでいいとは考えていなかった」と述べている。

メルケル氏は、第二に、人間はそれなりに責任を負い、努力することが求められているけれども、すべてを人間の力でなし遂げることは不可能であると指摘している。ひたすら奇跡を求めすべてを神に任せるのは問題の解決にはならないけれども、そうだからといって、すべてを人間の力で、あるいは科学技術によって、あるいは自分自身の判断で、解決できるのでもないと語っている。

人間の尊厳を守り死刑制度を廃止することについては、ドイツでは戦後間もなく議論が始まり、一九四九年にいち早く死刑制度を廃止したが、メルケル氏が首相になってからは、連邦議会（日本では「国会」に当たる）で、生と死の境界線をめぐる問題や脳死の問題、あるいは遺伝子操作をめぐる生命倫理の問題が、ていねいに議論を積み重ねられている。メルケル氏は、生死をめぐる問題については今後も議論を続けなければならないと述べ、生死の問題について考えることができるということが「人間と他の生き物との違い」であり、そのような問題を、キリスト者は「キリスト者として受けとめ、考えていかなければならない」と述べている。そしてそうすることによって私たちは「人間の力には限界がある、自分が無知であるということを知ったところから始まる肯定的な生き方」を身につけなければならないと指摘している。

その上で第三に、メルケル氏は、イエスのこの世での生き方に学ぼうと呼びかけている。福音書の奇跡物語を読むと、イエスの言葉数はきわめて少ない。だが言葉数は少なくても、イエスが語る言葉は明確で、その場にふさわしく、適切な言葉だった。イエスは、「立ちなさい」「立って自分の家に帰りなさい」「（パンを欲しがる）子どもにパンを与えなさい」「あなたの信仰があなたを救ったのです」「恐れるな」……と繰り返し冷静な言葉を投げかけている。メルケル氏は、私たちがこのイエスの言葉を念頭に置きながら、「私たちには限界があるが、生を形作れという命令を受けていることも確かなことである」と指摘している。私たちには、分からないこと、できないことがたくさんあるが、そのことで「泣いたり、わめいたり、嘆いたりする」のではなく、イエスの生き方に学びつつ、責任ある人間形成のために歩み出すことが大切であると呼びかけている。

メルケル氏がここで自己の政治的立場を正当化することなく、また特定の人たちの利益を追求するのでもなく、人間の尊厳を守ろうとしていることは明らかだと私は思う。新型コロナウイルスに関する政策においても、「いのち」を守ることが最優先されるべき課題であると受けとめている。そのような中でこそ、つまり私たち人間に与えられている「いのち」を重んじ、与えられている知恵を善いことのために用いようと努力し、人権を擁護し、人と人とのつながりを大切にする状況の中でこそ、私たちはともに希望を持って生きることができる。

愛し合いつつともに生きるときに希望を持つことができる

すべての人間は、神につくられ、いのちを与えられている。主イエスは、そのような私たちにもっとも欠けていて、もっとも必要なものは「愛である」と教え、愛によって人々が共感し、結びつき、ともに生きるべきだと教え、愛する力を与えてくれた。私たちは、お互いに愛し合いつつ、ともに生きるときに、未来に希望を持つことができる。

その希望は、教科書で学んだり観念的に理解できるものではなく、日常生活の中でお互いに愛し合いながら歩むときに、おのずから見いだすことのできるものである。

聖書は私たちが愛し合いつつ、ともに生きているかどうか、そして希望を持って未来に関わろうとしているかを、私たちに問いかけている。

聖書によれば、イエスは、愛をもってともに生きようとはしない私たちのところにきて、愛することを教えようとし、そのためにまず私たち一人ひとりを愛した。そして私たちをこの世の束縛から解放し、虚偽に生き虚栄を追い求めるのをやめさせようとした。

しかし私たちはイエスに愛されているのに、そのイエスの愛を受け入れようとせず、むしろ私たちをさまざまな束縛から解放しようとするイエスに嫌悪感を持つようにさえなった。なぜなら私たちは、自分が生きているのは、自分の力によると思い込んでいるからである。私たちは「自分のことは自分ですることができる」「自分のことは自分ですべきである」と考え、その思いに取りつかれているので、イエスを必要とせず、むしろイエスによって自分の考えを否定されることに不安を抱くのである。その結果、ともに生きようとして私たちに近づいてくるイエスから逃走しようとし、それでも近づいてくるイエスを十字架にかけて殺すのである。

私たちはたとえ多くの人たちに囲まれて生きていても、自分が生かされていること、そして愛されていることを認めようとせず、他者の愛を受け入れず、自分の殻に閉じこもり、ひとりで孤独のうちに歩もうとしているのではないだろうか。

自分を愛してくれる人を愛することができない人は、他者に対して不安や恐怖ばかりを抱き、その結果、生きることに絶望し、未来に希望を持つことが不可能になる。聖書はそのような私たちに、「あなたは生かされている」、「あなたは愛されている」と繰り返し語りかけている。

現代の日本社会においては、孤立状態にある人が増加しつつある。だがそのような社会の中にあっても、お互いに一人ひとりを大切にし、相手とは異なる個性を生かし合い、ともに対話しつつ歩むことができるなら、そしてお互いにいのちの問題について考え合い支え合うことができるなら、私たちは未来に希望をもって歩むことが可能になるだろう。

私たちは、理想的で模範的な愛を演じる人になろうと努力するのではなく、ともに弱く愚かな人間、つまり不完全な人間であっても、お互いに相手のことを思い、共感し、愛し合う関係を積極的に築くことができる。そのためには、相手の「顔」を見つめ、相手の「声」を聞き、自分の「口」を開いて相手に語りかけなければならない。相手と共感し合い、ともに歩むために、私たちは何の訓練も何の知識も必要としない。もし必要なものがあるとしたら、それは決断力と創造力である。社会の枠組みや自分が身につけてきた束縛から自由になり、自分を相手とともに生かす道を、一人ひとりが覚悟を決めて追い求めようと決断すること、そして聖書からイエスの教えや生き方を学ぶことにより、不完全な者でしかない私たちが、与えられたいのちを、さまざまな人たちとともに生かし合い、お互いに愛し合いながら歩むことのできる道を創造的に追い求めるならば、私たちは希望を持ってともに生きることが可能になるだろう。

あとがき

この本の第一章から第三章は、「まえがき」でも触れたが、名古屋と静岡で行った説教や講演に、書物として読みやすくするため大幅に手を加えたものである。しかし全体の構成や内容を変更してはいない。重複したり、視点が異なる部分などがあり、できるだけ整理したつもりだが、かえって読みにくくなったかもしれない。もしそうであれば心からお詫び申し上げたい。序章は、講演では語ることができなかったことを講演後にまとめたものである。

講演会は次のように実施された。なお靖国・情報センターでの講演は、この本では独立したものとしては扱わず、必要と思われる部分は名古屋堀川伝道所の講演録の中に取り入れた。ご了解いただければさいわいである。

【名古屋における礼拝と講演1】

二〇一七年度名古屋堀川伝道所伝道講演会（二〇一七年十一月五日）

主催＝日本基督教団名古屋堀川伝道所、後援＝岡崎茨坪伝道所
場所＝名古屋働く人の家
十一時より礼拝〔説教題＝「『愛』という強制」〕
十三時半より講演会〔テーマ＝「国家（天皇制）に従順にならないために―A・グリューン『従順という心の病い』を翻訳して」〕

なおこの説教と講演は、名古屋堀川伝道所発行の『群衆』第二二八号（二〇一八年四月刊）に収録されている。

【名古屋における講演2】

靖国・天皇制問題情報センター全国活動者会（二〇一七年十一月七―八日）
主催＝靖国・天皇制問題情報センター
場所＝名古屋働く人の家
八日午後三時半より〔講演題＝「沖縄からの報告、アルノ・グリューンの問題提起を受けて」〕

【静岡県富士市における講演】

二〇一九年度富士地区ヤスクニ集会（二〇二〇年二月九日）

主催＝日本キリスト教団富士地区ヤスクニ委員会
場所＝カトリック富士教会
午後二時より講演会〔テーマ＝「生きること、愛すること、希望を持つこと――沖縄で学んだこと、考えたこと」〕

講演会のために準備してくださった方々、現地で私を迎えてくださった方々、当日耳を傾けてくださった方々に、心からの感謝を表明させていただきたい。静岡の富士地区での講演に際しては、当日、私の声の調子が良くなく、聞き取れない部分があったそうで、会場の皆さんには申し訳なく思っている。当日の集会に来られた方たちには、この本の第三章だけでも読んでいただければさいわいである。

なお聖書の翻訳については、新共同訳聖書（日本聖書協会）を使用させていただいたが、本書の内容に合わせて一部、表記を改めた部分がある。

最後に、この本の出版のためにていねいな作業を続けてくださった株式会社ヨベルの安田正人氏と、何度も撮影を繰り返しカバーを仕上げてくださった沖縄のデザイナー新垣幹夫氏に心からの感謝を表明したい。また私を日々支え、この原稿にも目を通してくれた妻眞理子にこの場を借りて感謝したい。

推薦図書

日本語で読める図書をいくつか紹介する。私自身さまざまな影響を与えられたもので、その内容はこの本の中にも反映されている。

セーレン・キルケゴール『愛のわざ　第一部、第二部』（原著一八四七年）、武藤一雄・芦津丈夫共訳、白水社、一九六四年。

——「愛」について学ぶために一冊をあげるとしたら、これしかないと思う。現在は入手不可能。

エドワード・W・サイード『オリエンタリズム　上、下』（原著一九七八年）今沢紀子訳、平凡社ライブラリー、一九九三年。

——サイードは西洋にとって東洋が何であったか、何であり続けているかを歴史的・文献的に究明しようとする。「オリエンタリズム」とは、西洋人によってねつ造された偏見にほかならない。

ハンナ・アーレント『人間の条件』（原著一九五八年）志水速雄訳、ちくま学芸文庫、一九九四年。

――人間が生き延びるための「労働」が優位を持ち、「仕事」「活動」の意味が失われつつある現代において、人間として生きることの意義を問い直す。


アルノ・グリューン『私は戦争のない世界を望む』（原著二〇〇〇年）、松田眞理子・村椿嘉信共訳、ヨベル、二〇一三年。

アルノ・グリューン『従順という心の病い――私たちはすでに従順になっている』（原著二〇一四年）、村椿嘉信訳、ヨベル、二〇一八年。

――グリューンの著書はまだ翻訳されていないものを含めてもっと読まれるべきだと思う。とりあえずこの二冊は、二十一世紀の多様化した世界の中で、一人ひとりが独自の人間としてどう生きるかについて示唆を与えてくれる。また幼児教育の問題を考えるためにも学ぶべき点が多い。


アリス・ミラー『魂の殺人――親は子どもに何をしたか』（原著一九八六年）、山下公子訳、新曜社、新装版二〇一三年。

スコット・ペック『平気でうそをつく人たち――虚偽と邪悪の心理学』（原著一九八三年）、森英明訳、草思社、一九九六年。

マーサ・スタウト『良心をもたない人たち――25人に1人という恐怖』（原著二〇〇五年）木村博江訳、草思社、二〇〇六年。

――心理学に関しては、読むべきと思われる図書はいくつもあるが、その中でもこの三冊を推薦する。スタウトの書物はサイコパスの問題を扱っている。

パスカル・メルシア『リスボンへの夜行列車』（原著二〇〇四年）―浅井晶子訳、早川書房、二〇一二年。

――分析哲学の視点から書かれた小説。メルシアの著書は翻訳されていないものが多い。この書物は、世界的にベストセラーになったものだが、日本ではあまり知られていない。なお原作を映画化した作品（タイトルは『リスボンに誘われて』）がＤＶＤで入手可能だが、筋書きを追いかけているだけで内容はあまり伝わらないように感じられ、私としてはあまり推薦できない。

ディートリッヒ・ボンヘッファー『現代キリスト教倫理』（原著一九四九年、全集第六巻一九九二年）森野善右衛門訳、新教出版社、一九七八年。

――時代の問題に、自由に、だが責任をもって、しかも覚悟を決めて関わろうとしたボンヘッファーの倫理学。ナチス政権に追われる中で書いたもので、発覚を恐れ、表現がぼかされている部分が多いが、今日のような困難な時代の中でこそ読まれるべきものだと思う。

アンゲラ・メルケル『わたしの信仰――キリスト者として行動する』（フォルカー・レージング編、原著二〇一八年）松永美穂訳、新教出版社、二〇一八年。

――政治家として、キリスト者として、将来にどのような希望を持つことができるかを考えさせられる。

望月衣塑子、前川喜平、マーティン・ファクラー（共著）『同調圧力』角川新書、二〇一九年。

鴻上尚史、佐藤直樹（共著）『同調圧力　日本社会はなぜ息苦しいのか』講談社現代新書、二〇二〇年。

――日本人は現在、自由なようでありながら不自由を強いられている。どうしてそうなるのか、どうしたらそこから抜け出すことができるのかを考えるきっかけを与えてくれる。

著者紹介
村椿嘉信（むらつばき・よしのぶ）
1952年、横浜に生まれる。東京神学大学、同大学院、ドイツのヴッパタール神学大学で組織神学を学ぶ。日本基督教団東京教区の柿ノ木坂教会に伝道師として就任。1983年に沖縄にて宜野湾伝道所の牧師となる。1998年にドイツのケルン・ボン日本語キリスト教会牧師に就任。2001年に沖縄に戻り、日本基督教団沖縄教区の石川教会牧師、沖縄教区総会議長、沖縄キリスト教学院理事等を歴任。2010年に東京教区代々木上原教会牧師に就任。2013年に再び沖縄に戻る。その間、琉球大学、沖縄国際大学、沖縄キリスト教学院大学や沖縄キリスト教短期大学の非常勤講師、沖縄宣教研究所平和部門委員長等を歴任。現在は病気療養中。ぎのわん集会代表。
著書、翻訳、論文等
【著書】
『喜びの大地－聖書との対話』日本基督教団出版局（2003年）
【翻訳】
ディートリッヒ・ボンヘッファー（オットー・ドゥドツス編）『主のよき力に守られて、ボンヘッファー1日1章』新教出版社（1986年）
カール・バルト『K・バルト説教選集4』日本基督教団出版局（共訳、1994年）
カール・バルト『K・バルト説教選集3』日本基督教団出版局（共訳、1995年）
アルノ・グリューン『私は戦争のない世界を望む』ヨベル(共訳、2013年)
アルノ・グリューン『従順という心の病い』ヨベル（2016年）
【論文等】論文集、紀要、雑誌、通信、個人誌などへの掲載多数

荒れ地に咲く花 —— 生きること愛すること

2021年02月11日　初版発行

著　者 —— 村椿嘉信
発行者 —— 安田正人
発行所 —— 株式会社ヨベル　YOBEL, Inc.
〒113-0033 東京都文京区本郷 4-1-1-5F
TEL03-3818-4851　FAX03-3818-4858
e-mail：info@yobel. co. jp

印刷 —— 中央精版印刷株式会社
配給元 —— 日本キリスト教書販売株式会社（日キ販）
〒162 - 0814　東京都新宿区新小川町 9 -1
振替 00130-3-60976　Tel 03-3260-5670
 ISBN 978-4-909871-43-5　Printed in Japan

アルノ・グリューンの本

村椿嘉信・松田眞理子訳

私は戦争のない世界を望む

46判変型・200頁・900円
ISBN978-4-946565830

この本のタイトルは、戦争をなくすためには、誰かに期待するのではなく、私たち一人ひとりが「私は戦争のない世界を望む」と意志し、声をあげ、行動を起こす必要があると訴えている。戦争を引き起こすのは、独裁者や強い国家を望む政治家だけではない。その政策を支持し、独裁者や権力者に従順であろうとする国民でもある。

どうして一般市民が、残忍で野心家にすぎない政治家に従順になるのか― グリューンはこの本の中で、権力者に身をゆだねようとする人間の心の動きを解明している。

村椿嘉信訳

従順という心の病い

46判変型・120頁・800円［3版］
ISBN978-4-907486426

グリューンの書物は、従順になることを市民に要求する破壊的な扇動家に抵抗するための、そして政治的、経済的な指導者によって個人的な利益のために企てられる戦争を熱狂的に支持するあらゆる市民に対抗するための、重要な「武器」となるであろう（ピルコ・トゥルペイネン＝サーリ〔フィンランドの精神科医。ヘルシンキの「思春期カウンセリング・サービス」の元所長〕、ならびにマウノ・サーリ〔フィンランドの作家。ピルコとマウノは夫妻〕の言葉）

“服従”が“思考停止”となるとき　評・工藤信夫（精神科医）

〝従順〟が良しとされる文化と、信仰の世界に再考を迫る、すぐれた洞察の書である。……私共が注目したいのはこの心理機制と、宗教者に求められた〝従順という徳〟はカルト問題にも通じる病理である、という著者の指摘である。……日本人の信仰を吟味する、再生の書と言ってよい好著である。